LA PSIQUIS **DEL ÉXITO**

"No cometas el mismo error que yo de decirle a Jay Adkins así como está, está bien. Si lo haces, te dará la 'Mirada Adkins de Muerte' porque Jay cree que todo debe hacerse con excelencia. Cuando sigas los principios simples de este libro, encontrarás el secreto del éxito de Jay: la excelencia siempre gana".

—Keefe Duterte

"Debido a que he conocido a Jay durante más de una década, he tenido la suerte de tener un asiento en primera fila para ver a una persona extraordinaria alcanzar niveles extraordinarios de éxito en todos los aspectos de su vida. Jay ha descubierto una fórmula replicable para el éxito que se puede aplicar a cualquier aspecto comercial o personal, en la construcción de una mejor empresa o estilo de vida sin importar sus comienzos e inconvenientes. Mi parte favorita es ver cuán apasionadamente comprometido está con compartir sus frutos enseñando, entrenando, asesorando y ayudando a otros a ganar. ¡Eso es lo que La Psiquis del Éxito ofrece a aquellos que se toman el tiempo para aprender, comprender e implementar estos elementos de acción en su propio camino hacia la grandeza!"

—Chris Draper

"Jay y yo nos conocimos en un grupo de líderes empresariales con los mejores y más brillantes de nuestra industria. Cuando Jay se unió a nosotros la primera vez, no vino a sentarse al margen. Se involucró de inmediato y se ha convertido en uno de nuestros organizadores de eventos. Todavía veo a Jay escuchando y haciendo preguntas que invitan a la reflexión. Él lidera secciones de la conferencia y eleva a los demás en el desarrollo de sus presentaciones. Conozco a Jay desde hace más de 15 años y he sido testigo de cómo muchas de sus decisiones están arraigadas en ayudar a los demás. Jay nunca se ha jactado de haber hecho esto o aquello, más sí te pregunta qué piensas sobre esta o aquella idea. Cuando presenta una idea, uno piensa: "Eso es lo que necesito/quiero, pero no sabía cómo hacerlo ni por dónde empezar". Jay es un líder asombroso, considerado y reflexivo que se preocupa por su gente, su familia y su personal. Siempre te saluda y es el tipo de hombre que quieres tener cerca. ¡Uno quiere saber él que piensa sobre tus inquietudes!" **—Robert Varich**

"Durante más de 20 años de trabajo junto a Jay, he visto de primera mano cómo su orientación y perspectiva positiva sobre la gestión y su trabajo con nuestro equipo y clientes nos ha permitido abrir oficinas en múltiples ubicaciones, regiones y negocios adicionales posteriormente. Su impulso por aliarse y capacitarse con otros profesionales nos permite a todos crecer en nuestro oficio de manera consistente. No estaría donde estoy hoy sin su guía y sus constantes (y amorosos) regaños".

—Amanda Strader

"He tenido la suerte de conocer a Jay desde hace más de 15 años. Lo que comenzó como amistad se convirtió rápidamente en mentoría. Su mentalidad ganadora es contagiosa. Jay es un profesional de darlo todo o nada, con un enfoque profundo, compromiso e inspiración sobresaliente. He ganado mucho de su disposición a compartir sus pensamientos e ideas, jamás teme ser directo. ¿Quieres CRECER inmensamente? La Psiquis del Éxito de Jay Adkins es el libro ideal para ti".

—Chris Parish

"Trabajar con y ser asesorado por Jay Adkins durante los años más críticos de mi vida laboral es lo que me ha catapultado a donde estoy hoy en día en los negocios. Su implacable deseo diario de excelencia en todo aspecto hizo que todos a su alrededor aspiren a ser más, hacer más y soñar en grande, de lo que también me contagié de una forma que no se puede explicar con palabras. Ello me ayudó a ver lo malo desde un ángulo positivo. Me enseñó que el éxito se lucha y se gana todos los días y que, si lo deseas con todas tus fuerzas, no hay nada que no puedas materializar en tu vida. Observé los hábitos constantes que no eran negociables para él y aplicarlos en mi vida transformó mi forma de sentir, pensar y actuar. Esto ha traído una perspectiva completamente diferente sobre lo que realmente es el éxito. Fui bendecido con la oportunidad de estar junto a una leyenda y de hurgar en su mente. Jay se abrió de todo corazón conmigo y me enseñó más de lo que podría haber pedido".

—Danny Robledo

"Conozco a Jay Adkins desde hace varios años y aunque estamos en la misma industria ¡él hace cosas con las que los demás y yo solo soñamos! Nunca le he visto aceptar un "no" mientras persigue su éxito. Jay combina este empuje con una compasión y aprecio inusual hacia la gente. ¡Él hace del mundo un lugar mejor!"

—Stan Tebow

"Jay Adkins es la excelencia personificada. He tenido el distinguido placer de conocer a Jay personal y profesionalmente durante los últimos años. Independientemente de en qué esté trabajando o con quién esté trabajando, tiene un deseo inquebrantable de hacer del mundo un lugar mejor. Usando el viejo cliché de "una marea creciente eleva todos los barcos", Jay es la marea, siempre tratando de hacer que quienes lo rodean sean mejores que antes. No confundas su intensidad con intimidación, así es como él aborda la vida: Muestra la mejor versión de sí mismo en todo lo que hace".

—Chris Marok

Jay Adkins es, en pocas palabras, una de las personas más inteligentes y exitosas que he conocido. Él domina esa combinación única de conocimiento empresarial y astucia callejera y, al mismo tiempo, es súper intuitivo y orientado a los datos. Como dijo una vez Rudyard Kipling, Jay es también esa rara persona que puede "hablar con multitudes y mantener su virtud o caminar con reyes sin perder su toque del común". Él abre su corazón, alma, experiencia y éxito muy libremente para elevar a los demás, lo que lo hace ser super especial. Jay personifica y vive la Psiquis del Éxito en cada momento de su vida y aprende de él. Esa mentalidad ha sido, francamente, transformadora para mí en todos los aspectos de mi vida".

—Greg Gray

"Disciplinado. Inquisitivo. Implacable. Estas son solo algunas de las palabras que me vienen a la mente cuando pienso en Jay. En los 20 años que lo he conocido, he sido testigo del crecimiento exponencial tanto de su negocio como de él mismo como mentor y líder. Es cierto que, en los primeros días, me parecía extraño cuando una conversación casual entre nosotros de alguna manera daba un giro hacia cómo estaba abordando mis metas anuales. Al principio no lo comprendí, pero rápidamente me di cuenta de que su mente analiza constantemente y busca las mejores prácticas. Es implacable y, lo que es más importante, CONSISTENTE en su búsqueda de la excelencia. Durante los últimos años, ha canalizado esa energía en capacitar y asesorar a otros. Ya sea en su club de lectura o a través de su podcast, disfruté ver a Jay expandir su alcance para impactar a un espectro de personas más amplio. Y si tuviera que nombrar los rasgos que hacen que Jay esté especialmente calificado para compartir sus tácticas de éxito, serían el tener una mentalidad positiva y ser consistente". **—Darren Mock**

LA PSIQUIS
DEL ÉXITO

ACCIONES MASIVAS QUE ILUMINARÁN
TU CAMINO HACIA EL ÉXITO

JAY ADKINS

NEW YORK

LONDON • NASHVILLE • MELBOURNE • VANCOUVER

LA PSIQUIS DEL ÉXITO

Acciones masivas que iluminarán tu camino hacia el éxito

Publicado en Nueva York, Nueva York, por Morgan James Publishing. Morgan James es una marca registrada de Morgan James, LLC. www.MorganJamesPublishing.com

Orgullosamente distribuido por Ingram Publisher Services.

Morgan James BOGO™

Habrá una edición electrónica **GRATUITA** para usted o un amigo con la compra del libro impreso

FIRME CLARAMENTE CON SU NOMBRE ARRIBA

Instrucciones para reclamar tu edición gratuita de en formato electrónico::
1. Visita MorganJamesBOGO.com
2. Escribe tu nombre CLARAMENTE en el espacio de arriba.
3. Diligencia el formulario y envía una foto de esta página completa.
4. Tú o un amigo pueden descargar el libro electrónico en su dispositivo preferido.

ISBN 9781631959554 Edición rústica
ISBN 9781631959561 Libro electrónico
Número de control de la Biblioteca del Congreso:: 2022936811

Diseño de Portada e Interior por:
Marisa Jackson

Traducción y Edición al español por:
Edna Wischkaemper
People's Success Consulting
and Development

Morgan James es un orgulloso socio de Hábitat para Humanity Peninsula y Greater Williamsburg. Socios construyendo desde 2006.

¡Involucrate hoy! Visita MorganJamesPublishing.com/giving-back

DEDICO ESTE LIBRO A MI MADRE,
DOROTHY ADKINS.

Ella fue una madre maravillosa que amaba a todos. Habría ayudado a todas las personas del planeta si hubiese tenido la oportunidad. Mi mamá veía a cada persona como todos deberíamos: todos son seres humanos que merecen ser escuchados. Por tanto, ella ayudaba de la mejor manera que sabía: escuchando y siendo amable.

Mi mamá dejó un legado duradero en este mundo al recordarme constantemente que "La bondad es gratis y sencilla". Me siento muy agradecido de haber tenido una madre tan sabia y amorosa. Fue una inspiración para mí y para todos los que la conocieron.

Su abnegado modo de ser me ha inspirado a continuar con su misión de ayudar a la mayor cantidad de personas posible a darse cuenta de que tienen algo dentro de ellos que no saben que existe. Espero que mi trabajo y La Psiquis del Éxito ayuden a cumplir su deseo de ayudar a cualquier persona que lo necesite. También espero que esto permita a las personas ayudarse a sí mismas.

ESTE ES MI POR QUÉ.

Estas almas increíbles con las que puedo compartir mi vida son una gran parte de mi POR QUÉ, de mi propósito. Me dedico a cambiar vidas debido a mi dedicación y compromiso con ser mejor y luego la mejor versión de mí mismo todos los días para mi familia. Estos hermosos seres humanos son los que me hacen levantarme de la cama en las mañanas y que la vida sea absolutamente fenomenal.

Quiero hacer lo mejor porque mis hijos y mi esposa están observando. Yo soy su ejemplo. También quiero que sean los directores ejecutivos de sus propias vidas, por lo que primero tengo la responsabilidad de modelar el comportamiento correcto en mi vida. Hagas lo que hagas hoy, comprométete a definir tu por qué y a dejar que se convierta en el catalizador que dé forma a tu legado.

AGRADECIMIENTOS

Me gustaría agradecer a mi esposa, Ximena, por apoyarme en este viaje a través de la escritura. Este proyecto nos quitó tiempo en familia, pero estuviste a mi lado y apoyaste mi gran sueño de escribir algo que impactará vidas en los años venideros.

También me gustaría agradecer a todas las personas que me dijeron que ciertas cosas eran imposibles. Algunos de ustedes, como Chris Burke, sabían que este es el lenguaje que me impulsa. Otros creían que era imposible para ellos, por lo que pensaron que sería lo mismo para mí (o posiblemente lo desearon). Esas dudas se convirtieron en mi combustible.

También me gustaría agradecer a mi buen amigo Greg Gray por ser mi caja de resonancia constante, por darme siempre una retroalimentación honesta que me pone los puntos sobre las íes.

Gracias a Chris Burke por ser un excelente mentor, líder y ejemplo de lo que se necesita para ser un gran emprendedor. Tú fuiste quien me dijo lo importantes que son los niños y cómo tener uno propio transformaría mi vida para mejor. No tenía idea de lo que querías decir hasta que sucedió y ahora son, sin la menor duda, lo mejor de mi vida.

Por último, pero no menos importante, me gustaría agradecer a mis tres hermosas hijas. Para mi primogénita Jordan: era muy joven y aprendí mucho de ti. También sé que no fui el mejor padre hace 27 años. Pero gracias a ti, me he convertido en un mejor hombre y en un mejor padre. Para Luna y Skye: todo lo que hago es por su madre y por su legado. Sé que estoy en el escenario y ustedes estás viendo cada cosa que hago. Sé que soy su ejemplo. Me han dado un propósito y me has mostrado amor incondicional.

Ximena, Jordan, Jett, Cristan, Luna y Skye, ustedes son mi por qué.

TABLA DE CONTENIDO

¡EMPIEZA AQUI!

Las acciones masivas se convierten en hábitos conscientes

Al examinar este libro, notarás que el título de cada capítulo es una acción... una acción masiva necesaria para desarrollar tu propia Psiquis del Éxito.

Comenzarás por aprender por qué el éxito es un copo de nieve, y a partir de ahí cada vez se vuelve más emocionante. Estas doce acciones masivas se convierten en hábitos necesarios para tener éxito tanto en los negocios como en la vida en general.

Deja que cada una se convierta en parte de cómo vives todos los días.

¡Vamos a cultivar tu psiquis del éxito!

PSIQUIS
DEL ÉXITO

(sustantivo):

Mentalidad, filosofía y forma de vida que atrae tu definición única de éxito y te permite ser feliz mientras continúes realizando acciones masivas.

Tu Psiquis del Éxito es la bombilla que no se apaga. Es la parte de tu cerebro que está entrenada para ver el fracaso como un progreso.

NO DEBEMOS
JUZGAR A LAS PERSONAS
POR SU PICO DE EXCELENCIA,
SINO POR LA DISTANCIA QUE
HAN RECORRIDO DESDE
EL PUNTO DE PARTIDA.

HENRY WARD BEECHER

UNO

APRENDE QUE EL ÉXITO ES UN COPO DE NIEVE

Tengo algo que confesar.

Soy un ladrón.

Robé la mayor parte de lo que estás a punto de leer. Pero soy un ladrón con buenas intenciones, te lo aseguro. No he hecho nada con la información más que poner en práctica todo lo que he aprendido.

¿Te sorprende?

Realmente no debería. En este punto, todos sabemos que no hay absolutamente nada nuevo bajo el sol. Busca ahora mismo libros sobre el éxito en internet, encontrarás que las opciones abundan, son confusas, agotadoras y repetitivas.

Hazlo para cualquier otro tema: obtendrás el mismo resultado. Eso es porque la cantidad de información a nuestra disposición es interminable.

Y, sin embargo, estás aquí, leyendo mis pensamientos sobre el éxito. Me siento honrado por eso y por el hecho de que crees que puedes aprender algo de mí.

Probablemente estés aquí porque me has visto en alguna conferencia, me has escuchado en un podcast o me sigues en las redes sociales. Eso también significa que sé por qué estás aquí: algo sobre mí o mi historia hizo eco en ti.

Por otro lado, si no sabes nada sobre mí, este libro te mostrará cómo un tipo que solía freír huevos y papas en la Casa del Wafle descubrió un sistema para crear algo extraordinario.

¿Mi secreto? En realidad, no es un secreto ni es tan complicado. Y planeo revelarlo todo en las páginas venideras.

Sí, realmente prometo "revelarlo todo". Aquí no hay trucos de enganche donde te doy una prueba y tienes que pagar $999 por mi curso en línea para aprender el resto. Le digo a la gente que, si hace lo que yo hago, tendrá tanto éxito como quiera.

Puedo decir esto, sabiendo muy bien que el 99% de las personas no alcanzarán su definición personal de éxito simplemente porque no pondrán las cosas en práctica.

Pero no estoy aquí para ellos.

Estoy aquí para ti, ese 1% al que realmente le interesa. Eres parte de ese 1% que está listo para hacer lo que te llevará al éxito todas las veces.

La cosa es así. Si estás emocionado en este momento, ya tienes los componentes críticos que conforman la Psiquis del Éxito. Espero que eso te anime, pero, si no, permíteme repetirlo:

> **Ya tienes lo que se necesita para tener éxito.**

Solo te ayudaré a juntar las piezas y te mostraré cómo hacer que todo funcione para guiarte por un camino claro que te ha eludido hasta ahora. Así es como sé que tienes lo que se necesita: soy como tú, excepto que probablemente tengo menos educación. Dejé la universidad y nunca volví. Cometí error tras error.

Y, sin embargo, aquí estoy.

De alguna manera, de alguna forma, ahora soy el tipo de persona a la que le preguntan: "¿Cómo le hiciste?" Estoy acostumbrado a escuchar preguntas diarias de la gente acerca de mis negocios y mis procesos, preguntas como:

- ¿Qué te mueve?
- ¿Cómo llegaste a donde estas ahora?
- ¿Qué te ayudó a superar los tiempos difíciles?
- ¿Cómo afrontas los contratiempos?

Todas estas son preguntas geniales, pero, desafortunadamente, este tipo de cuestionamientos no aportan al camino de una persona en su conjunto. No hay forma de responder estas preguntas en unas breves frases que pinten una imagen completa de las luchas, fracasos y reveses que cada victoria representa.

> **A groso modo, las preguntas del tipo "¿Cómo le hiciste?" pintan una imagen totalmente incompleta del éxito.**

La verdad del asunto es que el éxito, como un copo de nieve, nunca es el mismo dos veces.

El éxito nunca podrá ser exactamente igual para dos personas, pero también es muy fácil para nosotros, como seres humanos, trivializar el éxito de los demás. Es natural para nosotros mirar las grandes historias de éxito y pensar:

- Vaya, debió haber sido muy fácil para ellos.
- Tienen talento natural.
- Tenían una ventaja en la vida.
- Tuvieron suerte.

Elije cualquier excusa para minimizar el éxito de otra persona... no importa. Lo que excusas como esas no tienen en cuenta es esto: la fama y la riqueza de personas como Michael Jordan y Jeff Bezos sucedieron debido a todas las cosas que nunca veremos o entenderemos por completo.

No vimos su recorrido. Solo llegamos a conocer estas historias de éxito cuando todo el trabajo duro había rendido sus frutos y se habían materializado los beneficios de años de sacrificio, dolor y sudor. No vimos el trabajo, las horas y los fracasos que los llevaron a donde están hoy.

Es lo mismo para mí. Mis colegas, mi equipo y mis contactos me ven ahora y quieren que les enseñe rápidamente algunos proverbios similares a los de Confucio que harán que su camino hacia el éxito sea más corto, más cómodo y menos doloroso.

Ellos no saben (o tal vez no quieren saber) todas las pruebas y

4

tribulaciones que experimenté.

No tienen idea de que alguna vez viví en mi auto.

No tienen ningún concepto de mi infancia ni de qué experiencias de mi pasado afectaron a mi presente.

No se dan cuenta de que solía trabajar en la Casa del Wafle para ganarme la vida y trabajaba noventa horas a la semana. No es el trabajo más glamoroso.

No saben que serví en la Fuerza Aérea de EE.UU. y que fui enviado a Dhahran, Arabia Saudita, durante la operación Escudo del Desierto.

Todo el mundo simplemente ve al Jay Adkins que soy ahora, pero él fue una larga obra en construcción y todavía tiene un largo camino por recorrer, créanme.

En los últimos años, incluso después de haber logrado todo lo que creí que era el éxito para mí, seguí teniendo epifanías.

Y una de ellas es lo que trajo este libro.

VAMOS AL GRANO

En un evento de Tony Robbins a principios de 2020, aprendí algo sorprendente sobre mí mismo. Tony le hizo al público una pregunta aparentemente directa, pero no fue fácil de responder, al menos no para mí.

Nos preguntó: "¿A qué te dedicas y a qué te dedicas *realmente?*"

Puede parecer difícil de creer, pero realmente nunca lo había pensado de esa manera.

¿A qué me dedico realmente?

Durante ese evento, comencé a darme cuenta de que a lo que *creía* que me dedicaba (hacer crecer negocios, capacitar equipos de ventas, bla, bla, bla) y a lo que *realmente* me dedicaba no eran lo mismo.

En el evento, pude influir y liderar a muchos de mis compañeros asistentes como el "Director Ejecutivo" interino de nuestro grupo. Terminamos ganando el primer lugar en un concurso en el que Tony desafió a los 2500 asistentes de 53 países diferentes para ver quién podía crear la idea de negocio más exitosa en 72 horas.

En una vida llena de otros importantes éxitos comerciales, esta victoria relativamente insignificante fue un momento decisivo para mí.

Inspiré a un grupo de personas que nunca había conocido antes y me di cuenta de que mi experticia y experiencias impactaron positivamente a muchas personas de una manera emocionante y tangible.

La parte irónica es que me sentí más inspirado que nunca cuando me di cuenta de que estaba inspirando a otros. Fue entonces cuando me di cuenta: mi *verdadero* oficio es impactar la vida.

Si crees que suena cursi o a cliché, está bien. Vivimos en una sociedad en la que los únicos mensajes que parecen causar eco son los que dicen "¡Dale duro!" y "¡Al 200% o nada!"

Creo que es esencial "darle duro" cuando haces algo, pero mi propósito al escribir este libro es ayudarte a adquirir la mentalidad adecuada para tener éxito en *tus propios* términos, no en los míos.

- Tal vez puedas "darle al 100%" y tener éxito.
- Tal vez necesites descubrir cómo priorizar tu salud sobre la adicción a la televisión.
- Tal vez tengas algunos malos hábitos que te han impedido una promoción revolucionaria.
- ¿Qué pasaría si ganaras solo un 30% más de lo que ganas ahora?
- ¿Qué pasaría si ganaras lo mismo que ahora, pero encontraras un trabajo que realmente desees todos los días?
- ¿Qué pasaría si pudieras pasar más tiempo con tus hijos y tu cónyuge?
- ¿Y si encontraras una carrera que te permitiera trabajar desde un yate?
- ¿Qué pasaría si pudieras jubilarte a los 50 en lugar de los 65 (o nunca)?

Hay tantas definiciones diferentes de éxito.

Encuentra la tuya, quiero ayudarte a llegar allí.

También te prometo esto: si yo puedo hacerlo, cualquiera puede hacerlo. No tengo un título de una universidad de renombre. No tengo títulos deslumbrantes. Dudo que mi coeficiente intelectual sea especial. Simplemente trabajo más que otras personas, me dejo enseñar y estoy dispuesto a hacer cosas que me incomoden.

Planeo desafiarte a lo largo de este libro a hacer cosas que te incomoden.

También quiero que sepas que, con solo leer este libro, ya estás haciendo algo que hago *habitualmente*. Siempre que me encuentro con alguien realmente exitoso, me detengo, miro y aprendo. También hago tantas preguntas como me permitan y les pago para que me cuenten más (sea a través de un libro, coaching o enseñanza) si se cansan de responder mis preguntas.

Cada uno de nosotros debería estar haciendo lo mismo si queremos hacer más y sentir la satisfacción de saber que nos fijamos metas e hicimos todo lo necesario para alcanzarlas.

Muchas de las ideas en este libro, las aprendí haciendo una pregunta tras otra a las personas más exitosas que conozco. Siempre me aseguro de preguntarles sobre sus fracasos, porque cualquiera que haya vivido sabe que las lecciones más valiosas provienen del fracaso.

Te dije en la primera frase que nunca he inventado una nueva estrategia de la nada. No presentaré ninguna filosofía trascendental que sea completamente nueva para ti.

Lo que *sí* he hecho es combinar de manera efectiva las "las mejores de las mejores" ideas, filosofías, formas de pensar y estrategias y reunirlas todas aquí en un solo lugar.

Por lo tanto, considera esto como un atajo para llegar al punto. El resultado final es un *GPS* que conduce al tipo de éxitos diarios alcanzables, repetibles y que están disponibles para cada persona que esté dispuesta a hacer lo necesario.

Sé que estás ansioso por comenzar a aprender a cultivar tu Psiquis del Éxito, así que vamos a sumergirnos en el primer paso para aprovechar al máximo las grandes historias de "éxito". Y el secreto es saber más sobre ellos que sobre sus resultados finales (es decir, sus aparentes éxitos de vida).

Escuchar a alguien parado en un escenario, vestido de traje, dar una conferencia desde una presentación de PowerPoint está bien, y puede que captes una o dos cosas de él. Pero escuchar la historia de otra persona y comprender por qué ha pasado para estar cualificado para *pararse* en ese escenario, ahí es cuando se tiene el potencial no sólo para *aprender*, sino para *transformar*.

Ese es mi objetivo para ti: que leer este libro te transforme genuinamente.

SOLO QUERÍA TRES RAYAS

Crecí con unos padres que apenas ganaban lo suficiente para pagar las facturas y nunca consideraron hacer nada al respecto. Podríamos dejarlo así, pero quiero pintar una imagen más completa. Quiero que comprendas completamente que no importa lo que te haya pasado o no cuando eras niño, no tienes que dejar que tu infancia te defina.

Mi padre era un ex infante de marina que no podía dejar atrás sus antecedentes militares y creía que sería mi instructor para toda la vida. El resultado final fue una infancia controlada y sofocada.

No había lugar en absoluto para pensar fuera de los esquemas.

Mi papá tenía su manera y esa era la única manera en nuestra casa. Ese fue un rasgo desafortunado en lo que respecta a nuestra relación porque da la casualidad de que no soy fanático de someterme a las autoridades por el simple hecho de que lo son.

El resultado final fue que siempre lo desafié: Desafié sus ideas, desafié sus nociones preconcebidas de lo que era y no era aceptable.

Incluso a una edad temprana, supe que nuestra situación financiera era el resultado de que mi padre no estaba dispuesto a incomodarse un poco y esforzarse más. Siempre teníamos apenas lo justo y yo sabía por qué. Sabía que algunas personas habían arañado y escalado la montaña hasta alcanzar el éxito y que luego estaban todos los demás: los creadores de excusas.

También, aun siendo muy joven, me di cuenta de que no quería ser como mi padre. Sé cómo suena y no pretendo faltarle el respeto a mi padre. Al día de hoy, le diré a cualquiera que me pregunte que mi papá me dio el regalo más grande que la vida me ha dado:

> *Mi papá me mostró cómo es la vida cuando no estableces metas constantemente o no te pones en situaciones incómodas.*

Les aseguro que esa revelación fue el *regalo* que me permitió ser quien soy hoy.

Mi papá hizo lo mejor que pudo. Ningún padre, cuando su hijo nace, recibe en el hospital un manual que le explique la manera perfecta de criarlo. Lo siento, pero tienes que arreglártelas por ti mismo y seamos honestos: algunas mamás y papás se las arreglan un poco más rápida y exitosamente que otros.

Elijo estar agradecido por las lecciones que mi padre me enseñó accidentalmente en lugar de concentrarme únicamente en sus fracasos como padre.

Sea como sea, la incomodidad es lo que te hace crecer.

Mi madre me amaba incondicionalmente, pero tampoco sabía lo que no sabía. Trabajó duro toda su vida como ama de llaves de un hospital, limpiando la suciedad de los enfermos. Incluso después de trabajar treinta años en el hospital, su salario apenas alcanzaba para pagar las facturas.

Baste decir que no nadábamos en dinero extra. La frase más común en mi casa era: "No tenemos dinero para eso".

Eso nunca me molestó hasta que cumplí doce años. Fue entonces cuando todo cambió.

Fue el año en que comenzó el acoso y déjame decirte: ser acosado te hace cuestionar todo lo que creías saber y también te hace madurar rápidamente.

Mis compañeros comenzaron a burlarse de la ropa y los zapatos que usaba. En lugar de lucir los jeans Levis y Jordache que tenían mis compañeros de clase, mis jeans eran de la marca Rustler de K-Mart. También usaba zapatos genéricos de K-Mart, sin marca (los llamaban Bobos), que se suponía que debían parecerse a los de Adidas, pero tenían cuatro rayas en lugar de tres.

¿Una raya extra? No es gran cosa… hasta que lo es.

> **Me gustaría decir que no dejé que eso me molestara. Pero seamos sinceros... tenía doce años.**

Ese tipo de cosas no podían importarme menos hasta que me di cuenta de que a los otros chicos les importaba. Una vez que comenzó el acoso, la suerte quedó echada, me decidí detenerlo y a vestir como los otros chicos se vestían.

Los niños pueden ser bastante crueles.

No tardaron en comenzar a burlarse de mi almuerzo también. Mi papá me empacaba un sándwich de mantequilla de maní y mortadela en una bolsa de papel marrón. A la hora del almuerzo, tenía un sándwich de mortadela y mantequilla de maní fofo y tibio, todo porque él no quería pagar 60 centavos al día por el almuerzo escolar.

Solía tirar esa desagradable cosa a la basura en lugar de enfrentar el ridículo. Solo quería comer pizza, nuggets de pollo y filetes Salisbury como todos los demás.

Casi al mismo tiempo, todos los chicos de mi edad empezaron a ir a la pista de patinaje todos los viernes en la noche, lo cual también requería dinero. Patinar costaba $7 dólares y, como puedes imaginar, cuando le pregunté a mi papá, su respuesta fue: "No tenemos el dinero para eso".

Así que decidí solucionar mis problemas. Eso dio inicio a un hábito de vida de responder a las dificultades *buscando una solución* en lugar de huir de ellas o hacerme la víctima.

Incluso siendo un preadolescente, sabía que tenía que haber una solución. Entonces, mi yo de doce años entró en modo solución de problemas.

Primero, negocié con mi tía y mis abuelos para cortar su césped por $7 dólares a la semana. En Ohio, donde el invierno es duro y frío, cada nevada se transformaba en dinero en mi bolsillo porque caminaba por las aceras cobrando por quitar la nieve.

Luego, comencé a repartir periódicos. Comencé a entregar

periódicos todas las mañanas y contraté a mi hermano como mi primer empleado. Le pagaba el 25% de las ganancias a pesar de que hacía la mitad de la ruta. Por supuesto, entregaba la mitad y *técnicamente* merecía un pago proporcional, pero él era menor. Mi "lógica de hermano mayor" me llevó a concluir que solo merecía el 25%.

Llegó el día en que pude comprar mis propios jeans Jordache e incluso un par de Levis 501. También pude costearme unas zapatillas Nike, pero no ganaba lo suficiente para comprar los modelos de temporada y en su lugar compré los Nike "baratos".

Para mi decepción, el acoso no se detuvo, no estaba a la moda.

Entonces, decidí que necesitaba ganar aún *más*, y escuché que los caddies ganaban mucho dinero. En ese momento, tenía 13 años y no sabía nada sobre el golf, pero eso no me detuvo. Fui a la escuela para caddies y, poco después, comencé a trabajar como caddie para médicos y abogados. Ganaba $10 dólares la hora, que era más de lo que ganaba mi padre; también seguí repartiendo periódicos.

Pero yo quería más. Entonces, a los 14, negocié con el dueño de un restaurante italiano para que me contratara a pesar de que no tenía la edad suficiente para trabajar. Fui todos los días durante tres semanas a pedirle que me contratara. "Puedo hacer lo mismo que un chico de 16 años", le aseguraba.

Finalmente, le dije que trabajaría gratis, solo para demostrarle mi valía. Se dio cuenta de que no me rendiría, así que finalmente cedió: "Vamos a hacer algo. Te voy contratar como lavaplatos. Solo asegúrate de que no te vean".

Trabajé duro y gané la aprobación del personal de cocina, los camareros y la gerencia. Finalmente, me ascendieron a ayudante de camarero y comencé a recibir una parte de las de propinas.

Siempre que no estaba en la escuela o en la pista de patinaje, estaba trabajando. Trabajaba en el restaurante, como caddie en el campo de golf o entregando periódicos.

Estaba ganando buen dinero y me encantaba, principalmente porque significaba que no tenía que pedirle ni un centavo a mi padre. También significaba que ya no tenía que escuchar la frase que había llegado a temer: "No tenemos el dinero para eso".

Comencé a proveer para mí mismo a mis doce años. Compraba mi propia ropa, mi propio almuerzo, compré mi primer auto, mi seguro para el auto, mi todo. Anhelaba la libertad, quería encajar y prefería las cosas bonitas que proporciona el dinero.

> **Había encontrado una fuerza impulsora que me dominaba.**
> **Había tomado el control de mi vida y se sentía bien.**

Aunque quería jugar baloncesto en la escuela, sopesé los pros y los contras y decidí que trabajar era más importante que practicar un deporte que nunca pagaría las cuentas. ¿Era lo suficientemente bueno para conseguir una beca? Probablemente no. ¿Llegaría algún día a jugar baloncesto profesionalmente? Seguramente que no. Pero sí estaba seguro de que podía comenzar por mi matrícula universitaria y ahorrar para un auto mejor, zapatos de marca y una motocicleta.

El mensaje aquí no es "el dinero lo es todo". Para mí, ganar dinero era la forma más sencilla de resolver los problemas que había encontrado hasta ahora en mi corta vida. Vi un camino para dejar de ser ridiculizado y sentirme insatisfecho, un camino para obtener lo que pensé que quería. Encontré un camino.

Siempre hay un camino. Eso es lo que aprendí durante mi niñez. ¡Creo que es una lección fundamental! ¿Habría aprendido esa lección si mi padre hubiese ganado más dinero o hubiese sido menos controlador? Tal vez, tal vez no. De cualquier manera, estoy agradecido con él porque sin darse cuenta me enseñó a ser implacable, a encontrar un camino.

De estas experiencias surgió mi espíritu emprendedor, que solo floreció desde ahí.

TU PAÍS TE LLAMA

Nunca dudé ni por un segundo que la universidad era el siguiente paso en mi camino. Eso es lo que hace la gente, ¿verdad? Se gradúa de la escuela y luego va a la universidad.

El problema era que estaba acostumbrado a ganar buen dinero, pero las exigencias de mi primer semestre de universidad no me permitían trabajar 50, 60, horas a la semana.

A mitad de mi segundo semestre, supe que esta situación no iba a funcionar. Fue entonces cuando decidí darle una oportunidad a la Fuerza Aérea. La idea de convertirme en piloto era atractiva, podría dedicar menos horas de trabajo y aun así ganar una cantidad de dinero decente. Sin mencionar que cuando te enlistas en el servicio activo, te pagan la matrícula. Eso también me atrajo.

Si bien nunca lamenté mi decisión de unirme a la Fuerza Aérea,

15

algunos problemas surgieron debido a esta decisión. Primero, me di cuenta de que era difícil para las personas con espíritu emprendedor como yo aceptar el concepto de que les pagaran lo mismo a todos sin importar cuánto trabajasen.

> **Hasta ese momento, siempre había "trabajado más horas para ganar más dinero". Ya no.**

Tampoco importaba cuán trabajase en lo que respectaba a los asensos. Trabajaba más duro que todos los demás, pero los asensos se concedían por tiempo y rango, no por esfuerzo. Eso me llevó a una mentalidad de "hacer apenas lo suficiente"; la mayoría de mis compañeros aviadores se negaban a hacer más que lo mínimo.

Otra sorpresa esperaba por mí. En 1994, me enviaron a Dhahran, Arabia Saudita. Solo tuve 48 horas para hacerme a la idea de dejar el único país que había conocido en toda mi vida. Yo era estudiante de tiempo completo y también trabajaba a tiempo completo. Seguramente no era enserio que esperaban que dejara la escuela y mis ingresos.

Nunca olvidaré cuando nos dieron la noticia. Era domingo. Nuestro oficial al mando (cuyo apellido también era Adkins) explicó que nos iban a desplegar como parte de la Operación Escudo del Desierto para ayudar a patrullar la frontera de Kuwait.

Me quedé atónito, pero me recobré, levanté la mano y dije: "Teniente Coronel Adkins, Aerotécnico de Primera Clase Adkins, permiso para hablar".

"Sí, Aerotécnico Adkins, ¿en qué le puedo ayudar?"

Procedí con precaución. "Estoy a mitad de mi semestre, así que supongo que me uniré a ustedes después de que se termine. Viajaré hasta allá y me uniré a ustedes, ¿correcto?"

El teniente coronel Adkins fue rápido en su respuesta. "Aerotécnico de Primera Clase Adkins, su país le llama. Abordará un avión con el resto de su escuadrón en 48 horas".

Todavía estaba confundido o tal vez simplemente no estaba dispuesto a aceptar la realidad, así que levanté la mano de nuevo. "¿Sí?" Dijo mi oficial al mando, esta vez con menos paciencia en su voz.

"Pero Teniente Coronel, usted me dijo que me apoyaría y que realmente quería que me convirtiera en piloto. Esto va a estropearlo".

No lo pensó por un segundo. "Aerotécnico de Primera Clase Adkins, su país le llama. Por eso se unió al ejército. Estará en el avión en 48 horas".

Tan antipatriótico como suene, en ese momento, mi corazón se hundió en mi pecho, estaba devastado. Amaba a mi país, pero había luchado con uñas y dientes durante los últimos ocho años para tomar el control de mi vida y ahora ese control me estaba siendo arrebatado de repente.

El Teniente Coronel Adkins tenía razón: abordé un avión 48 horas más tarde. Durante los siguientes nueve meses, trabajé turnos de doce horas en una tienda de campaña en el desierto, los siete días de la semana. Ninguno de nosotros sabía lo que estaba pasando porque los aerotécnicos de primera clase no eran tenidos al tanto. El conocimiento estaba *muy por* encima de nuestro nivel salarial.

Estaba decidido a volver a casa con vida y encontrar la manera de recuperar el control de mi futuro. Al poco tiempo, me di cuenta que si encontraba otro empleo con el gobierno que me pagara un tercio más de lo que estaba ganando actualmente, el ejercito podría darme de baja del servicio.

Fue entonces cuando descubrí el patrullaje de carreteras estatales e inmediatamente me inscribí al programa. Hice las pruebas y fui aceptado después de un exhaustivo proceso de verificación de antecedentes. Como resultado, salí del ejército cinco meses antes.

Y eso fue todo. Iba a ser patrullero en las carreteras del estado. ¿Importaba que haría carrera en algo donde los ingresos se basaban en un salario en lugar de la mentalidad de "trabajar más para ganar más" que estaba más en mi zona de confort? No. El patrullaje de carreteras representaba la manera de tomar el control de mi vida y volver al país. Me dejaron salir, me enviaron a casa y tuve seis meses para comenzar en la academia.

HUEVOS, SÉMOLA Y AGOTAMIENTO

Mi padre se sorprendió cuando le dije que planeaba convertirme en patrullero de carreteras, "Eso es más difícil que el entrenamiento básico de la Infantería de Marina", me dijo, posiblemente algo impresionado.

En realidad, eso me hizo querer hacerlo aún más. Mi padre estaba muy decepcionado de que me hubiese unido a la Fuerza Aérea en lugar de la Infantería de Marina. Pensé que tal vez esta sería una manera de demostrarle a mi padre mi valor en un idioma que él entendería.

El programa de capacitación en patrullaje de carreteras duraba más de seis meses, con una tasa de fracaso del 70%. Quería estar listo, así que me inscribí en la Capacitación Básica de Cuerpos Policiales o BLET (por sus siglas en inglés), en Fayetteville, Carolina del Norte. Era un programa más corto que me daría las habilidades fundamentales que necesitaba para sobresalir en el programa de patrulla de carreteras más riguroso.

Más o menos una semana antes de comenzar la capacitación, me encontré en el centro comercial con un buen amigo que no había visto desde antes de irme a Arabia Saudita. En aquel entonces, cuando se desplegó personal militar en el extranjero, nadie realmente lo sabía, excepto las familias y tal vez algunos amigos cercanos. No había teléfonos móviles ni redes sociales. Mi unica herramienta de comunicación en ese momento era un teléfono de disco con un cable de 9 metros de largo.

Por tanto, este amigo, como la mayoría de mis otros amigos, no tenía idea de adónde me había ido. Todo lo que sabía era que solía verme todas las semanas (hacíamos carreras en motocicleta) y luego, de repente, ya no me volvió a ver.

Mi amigo vino corriendo hacia mí, "Oye, ¿qué te pasó?" "Oh, hola. Me enviaron a Dhahran, Arabia Saudita". "Guau."

Me encogí de hombros y le pregunté: "¿Qué estás haciendo ahora?" "Estoy trabajando en la Casa del Wafle", respondió.

No había forma de que pudiera haber escondido mi total sorpresa. "¿Casa del Wafle? ¿Por qué diablos estás trabajando en la Casa del Wafle? "

Explicó: "Hombre, soy un aprendiz de gerente. Me están pagando como sesenta mil dólares al año para entrenarme como gerente y luego me van a dar mi propio restaurante".

Me reí. "No me importa si me pagan un millón de dólares al año. ¡Jamás trabajaría en la Casa del Wafle!"

Sin inmutarse, mi amigo me pidió que le hiciera un favor. "¿Puedes venir a una entrevista? Tengo que reclutar gente y quedaría muy bien si traigo a alguien como tú".

No estaba interesado en lo más mínimo. "Mira, no quisiera volver a trabajar en un restaurante nunca más. Lo odiaba cuando estaba joven. No hay cantidad de dinero que puedan ofrecerme que pueda tentarme".

De alguna manera, a pesar de todas mis protestas, acepté ir a la entrevista y me presenté al día siguiente con traje y corbata para ser entrevistado por un gerente de distrito llamado Len, quien tenía dos aretes, una cadena de oro y cabello largo. No me impresionó para nada, pues estaba recién salido del ejército, con mis zapatos súper brillantes y cabello súper corto.

Quince minutos fueron suficientes. Educadamente, le dije a Len que ese trabajo no era para mí. "Tengo que ser honesto. Dándole un vistazo al restaurante... la verdad no es algo que quiera hacer".

"Está bien, hombre, fue un placer conocerte".

Me levanté para irme, cuando entraron dos ejecutivos de la casa matriz. Me detuvieron a lo intenté darme a la huida, "Disculpé, ¿es usted Jay Adkins?"

Asentí y continuaron: "Oh, ¿ya terminaron la entrevista?"

"Amigos, esto no es para mí". Me volví hacia la puerta de nuevo para irme.

"Jay, ¿juegas golf?" uno de ellos me preguntó.

"Sí, me encanta el golf".

"Bien. Vamos a jugar una partida".

Era pobre en ese momento, así que no estaba dispuesto a rechazar una partida de golf gratis.

A la mañana siguiente, nuevamente, me encontré en el lugar en el que juré que nunca estaría. Un cocinero robusto llamado Tiny me estaba enseñando las mejores técnicas para voltear huevos en la parrilla de una Casa del Wafle.

Tiny colocó un poco de una sustancia blanca en el plato y yo quede maravillado: "¿De verdad aquí la gente come puré de papas con huevos al desayuno?"

Tiny me miró como si estuviera loco. "Chico, eso no es puré de papas. Eso es sémola".

"¿Qué es una sémola?" Pregunté.

Para mí era como la dimensión desconocida, pero me dije a mí mismo que trabajaría allí hasta que comenzara el programa de patrulla de carreteras. Mis nuevos empleadores me iban a pagar $ 65,000 al año y, a los 21 años, esa es una formidable suma de dinero como para rechazar.

Según mis cálculos, terminaría ganando cerca de $35,000 dólares durante esos seis meses y luego comenzaría el programa. Pero luego los ejecutivos de la casa matriz de la Casa del Wafle mejoraron el trato. Me ofrecieron un salario de $80.000 dólares y mi propio restaurante en Wilmington, Carolina del Norte, justo en el Océano Atlántico.

Llamé al programa de patrulla de carreteras y les dije que no podía dejar pasar la oportunidad. Ellos entendieron y me fui a Wilmington para disfrutar de las playas y mi nuevo salario.

¡Iba a vivir la gran vida!

Bueno, resulta que no vi la playa ni una sola vez. Trabajaba noventa horas a la semana en mi restaurante y solo veía el exterior de mi Casa del Wafle lo suficiente para dormir unas breves horas, ducharme y afeitarme, y volver a empezar.

Cuatro años y medio después, dirigí varios restaurantes en Carolina del Norte, trabajando horas de horas a la semana, los 365 días del año. Ganaba cerca de $150,000 dólares al año en este punto, pero dadas todas las horas que trabajaba, honestamente, no valía la pena ni un poco.

Me sentía miserable, pero mantuve la cabeza gacha e hice mi trabajo. Yo era el "niño de oro", por así decirlo, sabía que me estaban preparando para ayudar a dirigir toda la empresa algún día y no justamente por ser el más inteligente, simplemente trabajaba más que todo el mundo, tenía la mentalidad adecuada y era extremadamente fácil de entrenar.

Un viernes por la noche, en mi primer fin de semana libre en años, fui a la fiesta de cumpleaños de mi mejor amigo y conocí a alguien que trabajaba para New York Life. Su descripción del trabajo y el salario me intrigaron, pero aún no estaba listo para dar el salto.

Unos meses después, me fui de vacaciones y, a medida que pasaban los días, temía volver al trabajo. Para el lunes siguiente, no me sentía capaz de obligarme a levantarme de la cama. En ese momento pude sentir como mi mente y mi cuerpo estaban listos para algo completamente diferente.

Llamé al chico de la fiesta y le pregunté si podíamos vernos para discutir la oportunidad de New York Life. Al final de la reunión, se ofreció a pagar mi licencia y ayudarme a empezar,

Entonces, llamé a mi jefe en la Casa del Wafle y le dije una mentira. Le dije que estaba enfermo y necesitaba unos días de descanso. Eso casi me destroza porque detesto las mentiras e instantáneamente sentí que el karma iba a hacer que me enfermara.

Mi jefe me hizo sentir peor al ser tan comprensivo al respecto: "Escucha, nunca te has tomado un tiempo libre. Ni siquiera usas tus días de vacaciones. Haz lo que tengas que hacer. Te cubriremos".

Conduje hasta Charlotte, Carolina del Norte, y tomé el curso para optar la licencia; la última noche, nuestro grupo de clase quería ir a comer a la Casa del Wafle de todos los lugares.

¡En serio! ¿De verdad? ¿la Casa del Wafle?

Sentí un gran conflicto interno. ¿Era esto una señal de que estaba haciendo algo incorrecto? ¿Me estaba alejando de la oportunidad de mi vida solo para vender seguros?

Mi confusión interior estaba al punto de quiebre cuando nuestro grupo entró a la Casa del Wafle esa noche. Mientras miraba a mi alrededor, vi que era el restaurante más sucio que había visto en mi vida. Sentí un profundo disgusto.

En ese momento, el universo me estaba enviando un mensaje claro: "Date cuenta... esto es lo que tú representas".

Decidí en ese mismo momento que no volvería a trabajar en la Casa del Wafle.

No soy de los que guardan secretos, así que, en el camino de regreso a la ciudad, me encontré con mi jefe en el Subway de una gasolinera y le entregué mi renuncia con dos meses de antelación. Nunca antes le habían dado un aviso de renuncia con dos meses de anticipación, más yo sentí que era lo correcto. Sabía que jugaba un papel importante y que necesitarían tiempo para encontrar mi reemplazo.

También quería estar allí para asegurarme de que contrataran a un sucesor digno. Había vertido mi sangre, sudor y lágrimas en ese trabajo, así que quería dejarlo de la manera correcta.

Él hizo todo lo posible para convencerme de que me quedara. Fue persistente, pero no había oferta ni cantidad de dinero alguna que pudiera haberme persuadido (esta vez era en serio).

Quería asegurarme de ser claro como el cristal, así que le dije: "No me quedaré. Este no es mi destino. Esto no es lo que quiero hacer para ganarme la vida. *Odio* este trabajo".

Pareció genuinamente sorprendido por un momento y luego respondió: "¡Diablos, deberías ir a Hollywood!"

"¿De qué estás hablando?" Pregunté, molesto y confundido.

"No, en serio. Tienes que ir a Hollywood porque eres un buen actor. Si me hubiesen pedido nombrar, de todas las personas de esta empresa, quién odia su trabajo, habrías sido la última persona en quien hubiese pensado".

Me alegré de escuchar esto porque trabajé duro y estaba muy orgulloso de lo que había hecho y ayudado a construir.

> **Nunca he hecho lo apenas suficiente. Y definitivamente no soy el tipo de persona de "hacer las cosas por hacerlas".**

Le dije a mi futuro ex jefe: "Tengo varios cientos de personas trabajando para mí. Si me ven infeliz en el trabajo, mi vida será una tortura. Si ven que odio lo que hago todos los días, no se presentarán a hacer su trabajo".

Pero sí que tenía razón en algo: Tuve que "actuar" todos los días durante más de cuatro años. Cada minuto que había trabajado para la Casa del Wafle había sido una lucha. Lidiar con las diferentes personalidades y estilos de vida que simplemente no encajaban con los míos, los turnos de 24 horas, el agotador horario de 365 días al año, el turno de Navidad que cada año iba desde las 4:30 am hasta la 1:00 am del día siguiente.

Había mucho que no me gustaba.

Pero también te diré esto: toda esa experiencia me hizo tomar un gran aprecio por mi vida a partir de ese momento. Nunca he tenido un horario así desde entonces, incluso recordarlo ahora me hace apreciar lo buena que puede ser la vida.

Agradezco la libertad que tengo. Agradezco los fines de semana. Disfruto poder jugar con mi hija un lunes por la mañana cualquiera solo porque sí. Me encanta ir a almorzar con mi esposa cuando llega de sorpresa a la oficina.

La vida es un regalo y, a veces, se necesitan algunos años en la Casa del Wafle para darse cuenta de lo buena que es, con o sin sémola, zapatos de tres rayas o jeans Jordache.

ESTABLECE LAS EXPECTATIVAS CORRECTAS

Hay más en mi historia, ni siquiera hemos llegado a la parte donde viví en mi auto (y llegaremos allí), pero la intención de este libro no es la de ser una autobiografía. Pagaste por este contenido, lo que significa que tienes derecho a formarte algunas expectativas.

Simplemente quería darte una buena imagen de quién soy y quién no soy.

De hecho, en la vida solo hay dos ocasiones en las que puedes tener expectativas de alguien: Puedes tener expectativas siempre que pagues por algo, porque eso es un contrato, y puedes tener expectativas para ti mismo.

Eso es todo.

Si llegas al final de este libro y sientes que no cumplí con mi parte del trato, no dudes en comunicarte conmigo a través de las redes sociales y decirme exactamente cómo te decepcioné. Te reembolsaré lo que sea que hayas pagado por este libro. También debes saber que si los haces, te preguntaré si te enojas por igual contigo mismo cuando no estas a la altura de tus propias expectativas.

- ¿Estableces silenciosamente metas para tu vida y tu negocio y luego ves como no se cumplen sin repercusiones?
- ¿Te prometes a ti mismo que te levantarás a una hora específica por la mañana y luego apagas la alarma día tras día?
- ¿Le prometes a tu familia que les dedicarás más tiempo, pero luego te ocupas en el trabajo... el correo electrónico... las redes sociales... y bla, bla, bla?
- ¿Te prometes a ti mismo que alcanzarás una cierta cantidad de ingresos, pero nunca te sientas con lápiz y papel a aplicarle ingeniería inversa a las cifras para saber cómo?
- ¿Te subes a la báscula y prometes perder peso, pero luego comes una dona al desayuno y comida rápida para el almuerzo?

Podría seguir y seguir, ¿no?

La mayoría de nosotros rompe sus promesas consigo mismo a diario.

Eso acaba con este libro. Voy a mostrarte cómo hacerte responsable de *tu* éxito, *a ti mismo y nadie más*. La verdad es que no puedo hacer el trabajo por ti, pero puedo brindarte las herramientas para la mente y el conocimiento que necesitas para hacerlo realidad.

¿Sabes cómo establecer una expectativa y realmente hacerte responsable de ella? No es tan complicado, pero puede incomodarte. Bueno, acostúmbrate a lo incómodo, porque estar cómodo es el mayor enemigo del éxito.

Otro enemigo del éxito es el ego. Desafortunadamente, luchar contra tus tendencias egocéntricas (que *todos* tenemos... todos y cada uno de nosotros) es una pelea de por vida. La buena noticia es que reconocer cuando tu ego se interpone en el camino es la mitad de la batalla.

También es esencial aprender a *dominar* el ego porque eso permitirá que te dejes enseñar.

> **Si te dejas enseñar, podrás ganar. Eso es todo al respecto.**

A todos los que me preguntan sobre mi éxito, les digo que nunca se ha debido a mi educación o mi coeficiente intelectual (ya que ambos no son nada especial). *Si quieres cosas buenas, tienes que esforzarte por conseguirlas.* Lo entendí a los doce años y es tan cierto hoy como lo era entonces.

Nos adentraremos en la psiquis de una mente exitosa, una que ve los obstáculos no como obstáculos, sino como *acertijos* que esperan ser resueltos; una que ve los fracasos no como desastres sino como *lecciones* vitales y necesarias.

Espero ayudarte a comprender la diferencia entre alcanzar metas y perseguir la idea de éxito (la clave está en el enfoque). Hay tres enfoques: pasado, presente y futuro. Solo una de ellos es el correcto, el que conduce al éxito.

También quiero que sepas la diferencia entre *perseguir* el éxito y *vivir con* éxito. Las personas que persiguen el éxito nunca lo alcanzan. Siempre hay una casa más grande, un auto mejor y, lamento decírtelo, alguien que tenga más dinero que tú, siempre.

Para lograr la psiquis del éxito, debes comprender que el éxito se basa en perseguir tus metas activamente. Tienes éxito con tan solo dar un paso en la dirección correcta y hacer aquello con lo que te has comprometido.

¡Celebra esos "micro" éxitos porque lo son todo! Debes tener grandes metas y tienes que poner un plan en marcha, pero cuando dices "así es como se ve el éxito para mí", también debes recordar que no lo lograrás mañana. No llegará el mes que viene y, dependiendo del objetivo, es posible que no llegue durante años.

> **¿Qué vas a hacer hoy para mantener el rumbo y tal vez incluso avanzar en el camino?**

Si continuamente estás persiguiendo algo definitivo *"seré feliz cuando..."*, es decir, un punto finito en el futuro, tu existencia será absolutamente miserable. Debes encontrar la felicidad *hoy*, con lo que has logrado hoy, porque eso te dará el combustible para alcanzar lo que necesitas lograr *mañana*.

Hablaremos sobre cómo organizar una rutina matutina que te prepare para el éxito y cómo superar la dura verdad de que el mundo nos ha programado para esperar el fracaso. Con cada éxito viene el fracaso. Cuando una parte de tu vida va bien, otra puede decaer.

Winston Churchill dijo una vez: "El éxito es caminar de un fracaso a otro sin perder el entusiasmo". Antes de que pases la página y continúes el libro, quiero que encuentres ese entusiasmo por los desafíos y te prepares para aprender de los fracasos.

¿Eres feliz con la vida que tienes? Si no es así, la culpa no es de nadie más que tuya. Elige afrontar este viaje con alegría y la determinación de encontrar la manera de lograr el éxito todos los días. Despertarse cinco minutos antes es un éxito. Hacer ejercicio por la mañana es un éxito. Concretar esa venta adicional cuando estás cansado es un éxito.

¿Sabías que puedes sentirte satisfecho sin importar lo que hagas para ganarte la vida o cuánto dinero tengas en este momento? No te estoy diciendo que te conformes. Solo te estoy pidiendo que te "acomodes" en la vida que ya tienes para encontrar lo bueno en ella.

Decidir que serás feliz todos los días no significa que te quedarás donde estás; sin embargo, es la única forma de disfrutar el camino y ser más agradable para las personas que caminan a tu lado.

Fija tu mirada en el éxito más significativo que deseas, pero devuelve ese enfoque al momento presente, luego comienza a acostumbrarte a sentirte un poco incómodo.

Di que es cliché, es cierto, todos lo son: Al que madruga dios le ayuda... las cosas se consiguen con esfuerzo... El punto es que los ganadores hacen cosas que otras personas no están dispuestas a hacer. Se sienten incómodos todos los días.

Usain Bolt no se despertó un día y se convirtió mágicamente en el hombre más veloz del mundo. Jeff Bezos no nació con el plan de negocios para Amazon pegado a su cuna. El resultado final, las grandes historias de éxito, implican innumerables pasos que nunca vemos.

No lo olvides al voltear la página y continuar este recorrido. La Psiquis del Éxito no es un destino final. Aprenderemos más al respecto, un elemento a la vez, y cada paso es un éxito en sí mismo.

PUEDO ENSEÑARLE A CUALQUIER PERSONA COMO CONSEGUIR LO QUE QUIERE EN LA VIDA. EL PROBLEMA ES QUE NO PUEDO ENCONTRAR A QUIEN PUEDA DECIRME QUE ES LO QUE QUIERE.

MARK TWAIN

DOS

DEFINE EL ÉXITO EN TUS PROPIOS TÉRMINOS

¿Sabes lo que quieres? Es decir, ¿realmente lo *sabes*?

A todas las personas que me rodean les hago la misma pregunta: "Si pudieras agitar una varita mágica para que la suma de dinero perfecta apareciera en tu cuenta bancaria todos los meses, ¿Cuál sería esa cifra?"

Les pido que definan la suma mensual con la que se sentirían contentos, la suma que los haría sentir que finalmente han "logrado" algo en su vida.

Lo sorprendente es que muy pocas personas pueden responder a esta pregunta. Esto sucede una y otra vez y, sin embargo, no deja de sorprenderme.

¿Qué número te viene a la mente? ¿De dónde sacaste esa cifra? ¿Sabes lo que se necesitaría para llegar a ella? ¿Cuántas horas a la semana necesitarías trabajar? ¿Cuántos clientes necesitarías ver o cuántos productos necesitarías vender? ¿Qué necesitarías cambiar en tu vida para llegar a esa cifra todos los meses?

Y luego la siguiente pregunta es esta: ¿Estás dispuesto a hacer lo que sea necesario?

No es necesario que tengas la respuesta a todas estas preguntas en este momento, pero quiero que comiences a pensar de esta manera. Este capítulo se trata de definir el éxito en tus propios términos, no en los de alguien más. Más adelante en el libro, te enseñaré cómo desglosar tus metas de una manera que te proporcione un "GPS" que siempre te llevará a alcanzarlas.

Pero, por ahora, empieza a pensar cuál es ese número mágico mientras hablamos de uno de mis mayores héroes de la infancia.

EL ÚLTIMO BAILE

¿Alguien más es fan de Michael Jordan?

Si es así, es posible que hayas visto el documental *El Último Baile* en Netflix. Los aspectos más destacables de las diez horas que dura el documental son demasiados para nombrarlos, pero con respecto al *éxito* y cómo el mundo lo define, el programa realmente llegó a lo más profundo de mí.

Gracias a esa serie, descubrí mucho más sobre uno de mis ídolos de la infancia. Cuando era niño, solía ver cuan famoso era MJ y pensaba: "Increíble, es muy afortunado de tener tantos admiradores que lo adoran". Resulta que el reconocimiento masivo fue la parte que menos le gustaba, incluso se podría decir que lo odiaba.

Siempre parecía haber alguien buscando chismes de qué hablar. A la gente le encanta echar leña al fuego, convertir la grandeza en negatividad desenterrando un escándalo o intentando inventarlo. Ven el éxito y concluyen que la persona debe tener algún problema impactante porque nadie puede "tenerlo todo".

De cierta forma, eso es verdad. Siempre hay algo feo, una historia no contada, un lado oscuro. Es porque somos humanos y, francamente, deberíamos ser mucho más afables de lo que somos. Pero, por alguna razón, la vida no funciona así.

La forma en que siempre estamos buscando "la paja en el ojo ajeno" también me hizo pensar en lo rápido que asumimos cómo el éxito hace sentir a quien lo tiene. Estaba 100% *seguro de* que Michael amaba a sus admiradores y su atención constante. El hecho es que no tenemos idea de cómo piensa la gente sobre su propio éxito.

¿Su éxito los hace felices?

¿Y qué pasa si ese éxito se desvanece algún día?

Eso es otra cosa sobre el éxito: parece no ser permanente. Esto es definitivamente cierto para los atletas profesionales. Después de que se retiran, muchos piensan: *Bueno, ¿qué hago ahora?* Para jugadores como MJ que vivieron para su carrera, puede ser un camino largo y solitario.

Kobe Bryant es un brillante ejemplo de un atleta que pasó de sus días de gloria en el deporte a otro tipo de éxito. Después de retirarse del baloncesto, Bryant se dedicó a sus hijos y pareció disfrutar cada minuto. Antes de que su vida fuera trágicamente truncada, encontró la manera de evolucionar de una definición de éxito a otra.

Recientemente descubrí lo increíblemente rara que es esa transición. La mayoría de las personas conectan por completo su identidad con una definición estática de éxito que vive en sus cabezas. Cuando ya no se puede alcanzar esa definición, los resultados suelen ser catastróficos.

El éxito se está volviendo más complejo cada minuto, ¿cierto? En realidad, no creo que el éxito sea tan complejo, al menos no debería serlo cuando se enmarca y se comprende correctamente. Avancemos.

LA DEFINICIÓN DE ALGUIEN MAS

No hay duda de que Michael Jordan nació para jugar y tenía un deseo insaciable de ser el mejor. Jugar baloncesto y hacerlo bien, ese era su sueño. Sin embargo, ser el centro de atención no fue algo que quiso o disfrutó.

No quería ser el ídolo de nadie. Solo quería jugar. Le encantaba competir y ganar, pero no quería que lo pusieran bajo el microscopio.

Sé que hay alguien que probablemente esté pensando: *Bueno, ese es el precio que pagas por la fama y la fortuna*. Si ese es el caso, supongo que será mejor que tengas cuidado con lo que deseas. Esa es una razón más por la que nunca vale la pena perseguir el éxito de otra persona. ¡Persigue el tuyo!

Gracias a las redes sociales, hay tantos tipos de éxito que es difícil elegir cuál queremos perseguir. ¿Quieres ser como el gurú del coaching, la estrella de reality, el zar del maquillaje, el magnate inmobiliario, la diva del pop, el atleta profesional, el actor franco, el inversionista con mentalidad de tiburón o la estrella de TikTok?

Espero que la mayoría de la gente entienda que todo lo que vemos en internet es lo que la gente quiere que veamos. Nada más que un espectáculo. Puede que ocasionalmente haya una publicación "auténtica" (tal vez una *selfie #sinfiltro* de vez en cuando), pero todos sabemos que es una fachada.

Por favor, no somos idiotas.

Pero esto es lo más alocado: Como nuestros ojos están programados para procesar lo que ven como la realidad, nuestro cerebro inconscientemente comienza a pensar que en realidad las vidas de todos son tan perfectas como parecen. La parte realmente dañina de eso es que luego comenzamos a creer que algo anda mal con nuestras propias vidas ya que nuestra realidad no se parece en nada a lo que vemos en internet.

La programación es profunda y solo se vuelve más intensa. Es por eso que necesitas la Psiquis del Éxito ahora más que nunca. El proceso de desarrollar la Psiquis del Éxito es, en esencia, el mismo para todos. Ninguna persona en este mundo puede lograr su definición personal de éxito, lograrla bien y de manera sostenible, sin emplear de alguna forma los doce pasos de acción masiva de este libro.

Sin embargo, el resultado será ampliamente diferente para todos.

Algunas personas quieren ser multimillonarios. Algunas personas quieren ganar medio millón de dólares al año. Algunas personas quieren trabajar quince horas a la semana y tener libertad. Algunas personas quieren ser artistas y no les importa el dinero.

En 2020, el *coanfitrión de mi podcast el Paradigma del Éxito*, Greg Gray, y yo entrevistamos al Dr. Jericho Brown, ganador del Premio Pulitzer. El Dr. Brown se ha ganado tantos premios como puede lograr un escritor. Tiene todos los títulos adecuados. Aún así, el dinero nunca ha sido su motor. Su objetivo verdadero es ser reconocido como un artista que impacta la vida de las personas a través de su oficio.

Es por eso que queríamos entrevistarlo en primer lugar, porque, lo creas o no, el dinero no es un motor para todas las personas exitosas. Los gurús de la motivación y el éxito te harán pensar algo diferente, pero es cierto. Si quieres intentar un experimento interesante para poner a prueba esta idea, helo aquí:

> *Primero, pregúntale a la gente cuál es la "definición de éxito". Predigo que la mayoría responderá con la forma en que creen que la sociedad define el éxito (es decir, dinero, jubilación anticipada, casa grande, buen auto, vacaciones lujosas, etc.).*
>
> *Luego, pregúntales nuevamente y esta vez enfatiza que deseas escuchar su "propia definición personal de éxito". Predigo que sucederá una de dos:*
>
> *Un grupo de personas no tendrá idea de lo que es su definición personal de éxito. Dudarán antes de responder y será evidente que nunca se han detenido a pensar en el éxito en sus términos.*
>
> *En el otro grupo, verás como su mirada cambia, incluso puede que miren hacia otro lado mientras hablan de querer estar más con su familia, envejecer con su cónyuge o poder mandar a sus hijos a la universidad.*

Esto es lo que realmente les importa a nuestros semejantes, no sus cuentas bancarias ni sus seguidores de Instagram y, sin embargo, las personas han sido programadas para responder a la pregunta del éxito basándose en lo que piensan otras personas o en lo que creen que se *supone que* deben creer.

> **Es como si estuvieran tratando de vivir la definición de éxito de alguien más.**

La gente hace esto muy rápidamente, casi sin pensarlo. Eso es porque es muy complicado deshacer la programación que viene desde la infancia. Las niñas ven una presentación de Beyoncé y piensan, *¡Guau, qué espectáculo tan asombroso! Quiero ser como ella algún día.* No piensan en el tiempo invertido en preparar la coreografía, practicarla, el vestuario, etc. solo para ese espectáculo, es decir, todo el esfuerzo invisible.

Entonces, esas niñas crecen y se "conforman" con menos cuando los sacrificios comienzan a ponerse difíciles y es ahí donde comienzan las comparaciones. *Supongo que nunca tendré tanto éxito como ella.*

¿Nunca tendrás tanto éxito? ¿De verdad? ¿Según los estándares de quién, exactamente?

Pensemos en la *vida real* de Beyoncé por un momento:

Beyoncé se ejercita a diario con su entrenador personal y su nutricionista planea hasta el último bocado de comida que toca sus labios. Es vegana y no consume carbohidratos ni alcohol. Ha admitido que siempre tiene hambre (las personas como Beyoncé no comen hasta saciarse). Además, hace una cantidad inverosímil de ejercicios cardiovasculares y canta en la ducha durante veinte minutos todas las mañanas para despejar sus senos nasales y así mantener su voz saludable. Y ni siquiera hemos comenzado a hablar su rutina de belleza: el cuidado de su piel, los procedimientos, los tratamientos, el cabello y el maquillaje.

Agrégale a esto todos los días, semanas y meses que pasa lejos de su familia y de sus hijos. Puede llevarlos consigo, pero si ensaya quince horas al día, no le queda mucho tiempo libre. Vemos fotos de celebridades como Beyoncé y Jay Z de vacaciones y creemos que llevan ese estilo de vida relajado y lujoso. Sí, algunos momentos son de primera categoría, pero no te olvides los otros trescientos treinta y tantos días.

¿Te parece excelente? Si es así, tal vez tengas lo que se necesita para ser una superestrella. Si no es así, probablemente seas como la mayoría de nosotros en el sentido de que tu definición de éxito parece un poco más "básica" (al menos según *US Weekly o Forbes*).

> **Es hora de crear una nueva imagen de felicidad y éxito. La tuya.**

Si quieres ser la próxima Beyoncé o Elon Musk o Michael Jordan, genial. Solo necesitas estar preparado para los sacrificios y luego ser honesto contigo mismo con respecto a de quién es realmente el sueño que estás persiguiendo.

LAS DECISIONES SON TUYAS

No importa cuán grande o pequeño sea tu sueño de éxito, te garantizo algo: los sueños traen el ridículo. La gente va a intentar aguarte la fiesta. Tendrás detractores. Los amigos te dirán que no eres lo suficientemente inteligente o capaz. Casi que ni importa cuál sea tu objetivo: alguien te dirá que no puedes.

Los artistas y aspirantes a actores experimentan esto todos los días de sus vidas. ¿Cuál es el chiste de siempre? Si eres un "actor de Hollywood", probablemente también seas "mesero en un restaurante de Hollywood". Eso es lo que el mundo quiere que creamos: que nos estrellaremos y fallaremos si nos esforzamos por alcanzar nuestros sueños y que, finalmente, nos veremos obligados a conformarnos. El mensaje de esa programación dice, sin palabras, que te decepcionarás si apuntas hacia arriba.

No llegarás muy lejos si te importa lo que piensen los demás. La única persona que debería poder juzgar tu definición de éxito eres tu. Pero eso no evitará que otras personas te juzguen.

Ni siquiera tu mamá o tu papá deberían tener derecho a decirte que puedes o no puedes perseguir una meta. Si sigues los pasos de este libro y sabes lo que se necesita, tus padres no tienen derecho a detenerte.

> **De todos modos, vivir para tus padres no es una forma satisfactoria de vivir.**

Como parte del proceso, tendrás que decidir quién determina las líneas que no estás dispuesto a cruzar (en otras palabras, qué sacrificios no estás dispuesto a hacer). Si estás soltero, la única persona que puede opinar eres tú. Si estás casado y tienes una familia, probablemente deberás escucharlos, ya que tus decisiones de vida los afectan significativamente.

En más de un punto de mi carrera, he trabajado más de 80 horas a la semana. Me han preguntado muchas veces si es necesario esforzarse tanto para llegar a esas alturas tan difíciles de alcanzar. ¿Creo realmente que es un ingrediente esencial?

No tengo una respuesta universal para aquello que aplica para todos, así que diré esto: las personas pueden nacer con talento natural, pero el error está en creer que esos talentos de alguna manera les hacen "naturalmente" exitosos. No es así cómo funciona. No hay atajos hacia el éxito duradero, ninguno.

Se necesitan 10,000 horas para lograr la excelencia en cualquier cosa, por lo que debes invertir una cantidad de tiempo inimaginable para ser excelente (incluso en cosas que parecen darsete "naturalmente"). Puedes llegar a ser *bueno*, pero los prodigios, los músicos y los profesionales a nivel de Tom Brady y Serena Williams invierten a diario en su oficio. No hay excepciones.

Todavía dedico 80 horas a la semana, pero hoy lo hago de una manera completamente diferente. Gracias a mi rutina matutina, sobre la que leerás pronto, ahora dedico cerca de 20 horas a la semana solamente para mí mismo antes de interactuar con el mundo o con mis clientes y colegas. Mis negocios consumen una gran parte de mi tiempo, pero jamás 80 horas a la semana.

Cuando vives ese tipo de horario, vives para tu trabajo en lugar de que tu trabajo viva para ti. No olvides el tiempo para crecimiento personal, sin importar tu edad o las circunstancias de tu vida. Lee libros que te hagan crecer y cuidar tu cuerpo, mente y espíritu. Serás un mejor empresario, emprendedor, padre, cónyuge y ser humano.

No existe un camino fácil hacia el éxito. *Existen* los frutos fáciles de alcanzar y hay incidentes aislados de éxito fugaz. Pero para tener un éxito estable, es necesario dedicar tiempo. No creas que te estoy diciendo que debes trabajar más de 80 horas a la semana. Solo comprende que, si tus objetivos son lo bastante elevados, tendrás que trabajar más que los demás. Hacer esto bien requiere paciencia y planeación para que tus esfuerzos estén enfocados y no en frenesí.

La búsqueda de gratificación instantánea de nuestra sociedad ha destruido la paciencia, mientras que la necesidad de resultados inmediatos también está causando estragos en la felicidad. La tecnología es un reforzador primario de esa mentalidad porque todo está al alcance de la mano, literalmente con solo presionar un botón. El efecto secundario más desafortunado de esto es que la gente ahora cree que hay un botón "*todo fácil*".

Si quieres algo grande, ello requerirá sacrificios. Por ejemplo, en 2019, mi esposa Ximena decidió, después de una transición profesional del cine y la televisión al emprendimiento, que quería jubilarse dentro de cinco años. Así que comenzó a trabajar 14 horas al día para hacer crecer su negocio. En siete meses, era la número uno en su empresa.

Si su marco temporal no hubiese sido tan limitado, esas largas horas podrían no haber sido necesarias. Aun así, quería ganar lo suficiente en los próximos cinco años para no tener que volver a trabajar nunca, a menos que quisiera. ¿Dejará de trabajar realmente? Probablemente no. No es así como está programada y esa es una de las razones por las que trabajamos tan bien juntos: así soy yo.

La conclusión aquí es simple:

> **Si no defines tu éxito, no podrás dar forma a tu vida de manera tal que te conduzca a él.**

No tengo todas las respuestas y tampoco este libro. Tu éxito y mi éxito se verán muy diferentes. Pero sé que, si sigues los pasos de acción masiva en este libro, darás un gran paso en el camino hacia tus logros más importantes.

SIGUE LOS PASOS

Hay muchos libros que puedes leer para adquirir los conocimientos que necesitas para perseguir con éxito un objetivo específico. Hay cursos y coaches que pueden ayudarte. La oportunidad está ahí para todas las personas que viven en este país, pero de nada sirve si no estás dispuesto a esforzarte.

Porque esa es la clave: la *voluntad*.

¿Estás dispuesto a sacrificar la comodidad, sacrificar las cosas que quieres hacer y, en cambio, hacer cosas que te cuesten mucho sacrificio?

Digamos que conoces el dolor y las pruebas que vienen con un objetivo particular, pero lo quieres de todos modos. Ese es el primer paso, es meritorio, pero no te detengas ahí. Cualquiera que sea tu definición, será mejor que te asegures de pensar bien qué se necesita para llegar ahí y decidir si vale la pena para ti.

El proceso de cultivar tu definición de éxito y perseguirla requiere planificación. Hay sueños y hay metas (más sobre eso más adelante); si fuese a presentar una guía rápida para definir tu éxito y crear planes con base en ella, sería así…

Paso 1: Visualízalo.

Si tuvieras una varita mágica y pudieras transformar mágicamente tu vida en lo que quisieras, ¿cómo sería? Imagínate en tu momento más feliz. ¿Qué tipo de cosas o personas hay a tu alrededor? ¿En qué trabajas? ¿Estas viajando? ¿Capacitas a otros? Asegúrate de no pensar en la vida de otra persona mientras imaginas la tuya.

¿Tu definición de éxito incluye familia, carrera, pasatiempos, equilibrio entre trabajo y vida personal, fama, libertad para utilizar tu tiempo, libertad financiera o viajes? ¿Quieres jubilarte? Ciertamente no tienes que hacerlo (solo es otro constructo social). Muéstrame la regla que dice que todo es *televisión* y juegos de mesa después de los 65 años.

Ahora imagina ser viejo y reflexionar sobre tu vida. ¿Qué debe suceder para asegurar que no tengas arrepentimientos? ¿Qué acciones o pasos en falso debes evitar? Me gustaría que escribieras tu definición de éxito ahora y luego al final del libro nuevamente.

Cuando llegues al final del libro, verás si tu definición de éxito sigue siendo la misma. Una vez que hayas descubierto los pasos críticos de acción que se necesitan ¿qué vas a hacer al respecto?

Paso 2: Aplícale Ingeniería Inversa.

El siguiente paso es una de las cosas más difíciles que habrás de hacer. Tienes que hacer "ingeniería inversa" para averiguar qué se necesita para llegar al objetivo. ¿Qué acciones y sacrificios se requieren? ¿Qué te hará sentir incómodo?

Una de las mejores formas de pensar sobre una meta es hablar con alguien que ya haya alcanzado el nivel de éxito que deseas lograr en un área. Pídele un desglose detallado de cómo lo alcanzaron. Y no esperes nada gratis, págales por su tiempo. Las personas que se han esforzado merecen recibir una compensación por su tiempo, conocimientos y experiencia.

Otro aspecto en lo que respecta a esta parte de ingeniería inversa que muchas personas pasan por alto es descubrir qué es lo que debes evitar. ¿Qué necesito hacer para el éxito y también qué no necesito hacer? ¿Qué errores comunes debo *evitar*? Podría ser gastar dinero, demasiado dinero, antes de tenerlo. Podría ser asegurarte de siempre recordar de dónde vienes. Podría ser asegurarte de tratar a las personas de la forma en que deseas que te traten.

Paso 3: Haz La Gran Pregunta.

Después de saber lo que se va a necesitar, es cuando se toma la gran decisión, la decisión crítica: ¿Estás *dispuesto* a hacer lo que sea necesario para lograr ese objetivo? Evalúa tu nivel de disposición antes de continuar. No omitas este paso.

Paso 4: Establece Una Fecha.

Hay clichés sobre las metas y lo difíciles que son de lograr, pero la forma más fácil de decirlo es esta: una meta sin una fecha límite, es un sueño que nunca vivirá fuera de tu mente y algún día se convertirá en una fuente inagotable de arrepentimiento. Hablaremos mucho más sobre esto en el Capítulo Seis.

Paso 5: Libérala De Tu Mente.

Cuando se trata de las cosas grandiosas de la vida, no cometas el mismo error que muchos cometen. No dejes tus metas adentro. Cuéntaselas a otras personas porque eres *terrible* a la hora de rendirte cuentas a ti mismo. Simplemente no puedes hacerlo solo. Hay cosas que necesitas saber y personas que ya tienen las respuestas. Búscalas. Más sobre esto más adelante.

EL ÉXITO COMIENZA CON TUS PIES

Algunas personas quedan consumidas por las pruebas que enfrentan. Otros crecen gracias a ellas.

Michael Jordan nunca permitió que los incendios o las controversias le impidieran alcanzar sus metas e incluso más. De hecho, todas las personas increíblemente exitosas comparten una experiencia común: *sus mayores triunfos llegan después de sus más grandes errores.* ¿Cómo hacen estos extraños individuos para convertir la tragedia en triunfo?

En realidad, es simple: los campeones de la vida retroceden y siguen avanzando. Eso significa que el éxito se trata, en esencia, de nuestros pies. Sí, nuestros pies. Los atletas lo saben muy bien.

Hasta el día de hoy, nunca has llegado a ningún lado sin ellos. Tus pies te sacan de la cama por la mañana. Te llevan al trabajo todos los días y te llevan por el pasillo: pasillo político, pasillo de la iglesia, pasillo del supermercado. Tus pies te llevan a todas partes.

Son los héroes olvidados de tu vida.

Quienes me conocen, saben que amo tres cosas casi sobre todas las demás. Primero, amo los sistemas y los procesos. En segundo lugar, me encanta la forma en que los deportes y los atletas como Jordan ofrecen analogías perfectas para los negocios. En tercer lugar, me encantan las siglas, así que inventé un acrónimo que representa las cuatro reglas rigen mi vida y me llevan al siguiente objetivo. Estos trabajan de la mano con mis valores fundamentales, sobre los que sabrás más en el Capítulo Seis. Estos son los cuatro principios más profundos (o los PIES) sobre los que he construido mi vida y mis negocios.

Pasarlo Bien

No te contentes con un trabajo aburrido y monótono. Ten disposición para trabajar duro (más duro que la mayoría), ¡pero más vale que ese trabajo sea divertido también! Divertirse hace que el trabajo se sienta menos como un TRABAJO y más como una carrera de ensueño, del tipo en el que tienes que pellizcarte para recordar que es real.

Incansablemente Excelente

Todo lo que hagas y todas las personas con las que elijas trabajar deben ser excelentes. Esa no es una palabra de moda, es el objetivo de cada interacción y cada experiencia con los clientes, que aprendí de mi abuelo. La excelencia te diferencia en un mundo donde todo comienza a verse y sonar exactamente igual.

Esa podría en ser la forma en que te vistes, la forma en que haces gestión o la forma en que hablas con la gente. Una de las palabras que menos me gustan es "bueno" porque *bueno* es la antítesis de la *excelencia*. Jamás quisiera asociar mi nombre o reputación con nada que esté "bien" u "okay". Siempre busco la excelencia.

Evolucionar

O creces o mueres. Toma la determinación de ser humilde, estar dispuesto a aprender y listo para alcanzar nuevas alturas todos los días. Nunca creeré que he llegado a la "cima". Estar vivo significa que hay margen para mejorar. Esta es otra lección que aprendí de mi papá. Siempre ha estado atrapado en sus viejas costumbres y, en gran medida, su incapacidad para estar a la par con las épocas lo ha dejado atrapado en el pasado.

Jamás quisiera que mis hijos sepan más que yo. Quiero hacer lo que ellos hacen, estar constantemente actualizado de las tendencias y la tecnología. Me esfuerzo para estar al día con la actualidad y la política. Es importante porque esas noticias afectan mi vida y mis decisiones comerciales.

Piensa en esto: hace poco más de una década, la mayoría de las personas todavía tenían teléfonos plegables y oprimían el botón "1" tres veces solo para llegar a la letra "C" para poder enviar un mensaje de texto. Eso no fue hace mucho tiempo.

La vida cambia rápidamente y tienes que estar preparado para cambiar con ella.

Saber Confiar

Las personas hacen negocios con quienes son de agrado, conocimiento y confianza. Esfuérzate por que tus clientes, colegas y amigos se sientan mejor luego de conocerte. Necesitan saber que pueden confiar en que harás todo lo que prometes (y un poco más). Conviértete en el tipo de persona que hace de más.

También debes confiar en que fallar es solo una parte del proceso. Tienes que confiar en que el camino va a ser difícil. Tienes que confiar en que tu trabajo y el compromiso que tienes de cumplir tu palabra son solo una parte del proceso.

Ten en cuenta que no dije que el proceso fuese perfecto. ¡Ahí es donde tus pies salen al ruedo una vez más! Si algo en tu vida o negocio no está funcionando, puedes arreglarlo. Tienes el poder de ponerte de pie, darte la vuelta y caminar en una dirección diferente.

Siempre hay más que aprender, nuevos errores que cometer.

Pero anímate: el crecimiento verdadero se consigue a *través de* esos errores. Las lecciones más importantes, las he aprendido a través de ensayo y error. Me he encontrado con obstáculos enormes y he tomado decisiones horribles. Me he enfocado en el resultado final. Me he centrado demasiado en los resultados y no lo suficiente en las personas. He sido egoísta y de mente cerrada.

No se debe mirar *el* éxito de alguien, sino *detrás de* éste. Ahí es donde comprenderás el camino que debió recorrer para llegar a donde está hoy. Descubrirás que no fue un camino recto, sino una travesía irregular de lecciones difíciles y malas decisiones, un camino que todos recorrimos con nuestros PIES.

SE TÚ MISMO

Mi idea del éxito es amar lo que hago todos los días. Por más cliché que parezca, mi trabajo no es realmente "trabajo" para mí. Hay algunos aspectos monótonos en lo que hago, pero no me concentro en las minucias de hacer las cosas bien. Me centro en la satisfacción del resultado final. También quiero impactar vidas y cambiar mentalidades. Esto es cada día más importante para mí.

Estoy en un punto de mi vida donde puedo elegir lo que me llena y eso es un éxito. El dinero es un parámetro de medición esencial porque demuestra que lo que estoy haciendo está funcionando. Tengo a mi alrededor gente con la que me gusta estar. Es más, incluso espero con ansias las reuniones con mi personal y el día de mi podcast semanal. Estoy construyendo una vida de cosas que deseo hacer cuando me despierto.

Mencioné a mi esposa más atrás y vale la pena señalar que ella y yo tenemos diferentes metas de vida. También compartimos metas como familia, pero, individualmente, Ximena y yo tenemos nuestros propios sueños. No pases esto por alto:

> **Necesitas una definición de éxito distinta de la de tu cónyuge o pareja.**

Ya que estamos siendo honestos sobre el matrimonio y las metas individuales, vamos a ser directos respecto a un dilema del que nadie quiere hablar: la mayoría de las personas no terminan los libros.

Me gustaría que te desafiaras a ti mismo a terminar este (si disfrutas lo que está leyendo y sientes que vale la pena tu tiempo). Necesitarás todos los pasos de acción masiva para tener la mejor oportunidad a que haya lugar para desarrollar una Psiquis del Éxito que transforme tu vida. Date las probabilidades de éxito más altas. Esfuérzate todos los días.

Ser de los que comienza un libro, pero nunca lo termina es un indicador de cómo abordas la vida. El arrepentimiento vive dentro de la mayoría de las personas porque nunca terminan lo que comienzan.

Así que digiere este libro de principio a fin.

A medida que continuamos este proceso, pregúntate repetidamente: ¿Qué es el éxito para mí y qué haré para crearlo?

He aquí un secreto: para tener éxito no se necesita mucho más de lo que ya estás haciendo. Si entiendes los pasos necesarios, ya vas mejor que la mayoría de la gente (no quiere decir que "la mayoría de la gente" sea siempre un buen punto de referencia). Pronostico que te verás disparado hacia tu objetivo, si aumentas tu productividad en tan solo un 10%.

Recuerdo un comercial de Gatorade de la década de los 90 con Michael Jordan. Mostraba imágenes de MJ jugando baloncesto y riendo, mientras la canción de fondo decía: "A veces sueño que soy él... como Mike, si pudiera ser como Mike".

Entiendo la idea (y tengo recuerdos bonitos de ese comercial), pero un mejor mensaje para los niños podría ser este:

> **Define el éxito en tus propios términos y SE TÚ.**

¿Por qué querrías ser otra persona? Eso suena agotador e insatisfactorio.

Michael Jordan era un competidor y quería ganar en todo lo que hacía. Estaba dispuesto a hacer lo que fuera necesario para llegar a ese nivel, por lo que aguantó la fama que lo acompañaba. Todos los grandes del mundo quieren ganar y sienten pasión por lo que hacen.

Puedes admirar estos rasgos y aspirar a desarrollarlos también, pero tiene que ser en tus propios términos o no funcionará.

Sin pasión, disciplina, consistencia y un camino único para ti, siempre vivirás arrepentido. Siempre verás a otras personas y dirás: "Ojalá pudiera ser como ellos".

Ya existe un Michael Jordan en este mundo. Por increíble que él sea, no necesitamos otro. Te necesitamos a ti y tus aportes originales. Por tanto, me gustaría invitarte a comenzar a descubrir exactamente cuáles son y qué tipo de marca deseas dejar en el mundo a medida que continuamos.

SI TEMES AL
FRACASO, NO MERECES
TENER ÉXITO.

CHARLES BARKLEY

TRES

DATE CUENTA DE QUE ESTÁS PROGRAMADO PARA FRACASAR

Puede que el título de este capítulo parezca no encajar en un libro sobre el éxito, pero continúa y verás el porqué del título.

Antes de explicar cómo estamos programados para el fracaso, por qué es importante y qué puedes hacer al respecto, hablemos de uno de mis libros favoritos de todos los tiempos.

Los libros más populares se vuelven populares por una razón. En general, se debe a que han cambiado la vida de muchas personas de manera tal que no pueden evitar contárselo a los demás. Uno de los libros que ha resistido el auge y la caída de otras innumerables tendencias en el género del éxito y la motivación es *El Poder del Ahora* de Eckhart Tolle.

El título lo dice todo: hay un inmenso poder en el aquí y ahora. Esto, por defecto, significa que nuestra fortaleza no existe en ningún otro lugar diferente al momento presente. No hay absolutamente ningún poder para nosotros en el pasado.

Somos impotentes para cambiar tan siquiera una sola cosa que ya haya sucedido. Y, sin embargo, ahí es donde muchos de nosotros vivimos, porque existimos en un estado de *arrepentimiento*.

La mayoría de la gente tiende a vivir arrepentida. He reflexionado mucho sobre el vivir en un estado constante de culpa y lo que significa para la calidad de vida. Yo mismo he pasado muchos años viviendo allí. Mi madre falleció hace ocho años; durante un tiempo después de su muerte, sentí el dolor punzante del arrepentimiento por no haber pasado suficiente tiempo con ella y por no estar ahí para ella tanto como debería haber estado.

Mucha gente vive arrepentida de no haber pasado más tiempo con sus hijos, extrañándolos cuando crecen. Luego llegó el 2020 y nos ofreció a todos la oportunidad de bajar la velocidad y pasar más tiempo en casa con las personas que significan más para nosotros.

Algunas personas se volvieron locas durante las cuarentenas. Para mí, fue un regalo inesperado en una época desafiante. Pasé más tiempo junto a mi hija y mi hijastro, veía más a mi esposa todos los días y creé recuerdos con mi familia y jamás podré arrepentirme de eso.

Hoy en día, aborrezco la idea de tomar una acción (o *no* tomarla) que me haga vivir arrepentido. De hecho, mi disgusto por el arrepentimiento ahora me alimenta, pero me tomó un tiempo lograrlo. Tuve que experimentarlo antes de darme cuenta cuán venenoso es el arrepentimiento para el presente.

> **Algunas personas viven en el futuro; esas son las personas cuya fuerza impulsora es el *miedo*.**

El miedo puede ser una emoción aún más dañina que el arrepentimiento. El miedo hace que las personas huyan de sus verdaderas vocaciones y que eviten aquellos riesgos que podrían conducir al éxito y mucho más. Tengo que admitir que ha habido ocasiones en las que he dejado que el miedo a lo desconocido robe el poder de mi presente.

Estar presente es la única forma de crear el futuro más brillante para ti mismo y las personas en que más influyes. La única forma en que puedes influir en los demás es si estás completamente presente en el momento. El momento presente es lo único que realmente tienes ahora mismo, que puede cambiarse o verse afectado de alguna manera. La acción no ocurre ni en el pasado ni en el futuro. La acción ocurre ahora.

Sin embargo, no es fácil vivir en el presente. Gracias a la vida moderna y su ritmo, ahora la mayoría de la gente vive para y en el futuro. Durante las conversaciones e interacciones con los demás, ya estamos pensando en lo que diremos a continuación. Estamos pensando en la cena, en la próxima llamada telefónica, en el regreso a casa, en todos los "qué tal si".

Por eso, en todo lo que hago, hago todo lo posible para asegurarme de que cada parte de mí esté presente. Cuando juego con mi hija o hablo con mi esposa, estoy ahí. No estoy en mi teléfono ni pensando en qué sigue.

Estoy ahí del todo.

Comparto esto con mi equipo con regularidad, especialmente ahora que se ha vuelto aún más cierto para el trabajo bajo la "nueva normalidad". En los negocios del futuro, no vamos a estar cara a cara con los clientes con tanta frecuencia. Por lo tanto, cuando hables por teléfono con un cliente, lo que éste necesita ahora más que nunca es tu presencia. Necesitan que realmente los escuches. Necesitan que estés ahí para ellos.

Lo que tu familia necesita ahora más que nunca es tu presencia también. Necesitan que seas consciente de que estás ahí, de que eres fuerte y de que les estás prestando atención.

EL FRACASO ES INEVITABLE

Vivir en el presente es la pieza central y crítica de la Psiquis del Éxito. Eso significa que debes comenzar a trabajar en cómo mantenerte arraigado en el presente, porque el camino a la cima de la montaña que estás tratando de escalar, cualquiera que sea, no será rápido ni fácil. Y la razón es esta:

> **El mundo espera que fracases.**

El mundo espera que admitas la derrota y ruedes cuesta abajo con la cola entre las piernas, que retrocedas y te alinees con el resto de las masas insatisfechas.

Desde la infancia, nos programan no para tener éxito, sino para rendirnos después de un fracaso. Desde los detractores hasta nuestros propios padres, quienes nos rodean a menudo nos condicionan, sin querer, para creer que no podemos hacer ciertas cosas.

¿Cuál es la palabra más común que los niños pequeños escuchan?

NO.

No puedes gatear ahí. No puedes comer eso. No puedes levantarte todavía. No te voy a dar más. No puedes. No, no, no.

Después de la niñez, nuestra vida adulta es muy similar.

No, eso no funcionará. No puedes hacer eso. No tienes el título adecuado. No eres lo suficientemente bueno.

Esta negatividad no solo proviene del mundo que nos rodea, sino también de amigos y familiares.

Es un tipo de programación que se arraiga y vuelve intrínseca de tal manera que lo crees rotundamente y dejas de intentar cuando fallas y alguien dice: "Ves, te dije que eso no funcionaría". Crees que tenían razón.

Te rindes y te preguntas por qué tan siquiera lo intentaste.

Parte del problema aquí son las personas de las que elegimos rodearnos. Lo has escuchado antes, estoy seguro, pero vale la pena repetirlo:

> **Debes elegir rodearte de personas que te levanten en lugar de derribarte.**

Las personas que te derriban solo quieren sentirse mejor consigo mismas; la mayoría de ellos ni siquiera lo hace deliberadamente. Son simplemente infelices y, hay que admitirlo, a la infelicidad le fascina estar acompañada... bien acompañada.

Como seres humanos, siempre hemos tenido clases y nos gusta que las personas que nos rodean encajen en las nuestras. Eso mismo lo puedes presenciar en el reino animal porque es algo innato que tenemos dentro de nosotros. Queremos estar con otros que sean como nosotros. Sin embargo, lo que realmente deberíamos hacer es estar con personas que *no sean* como nosotros.

Las personas que nos rodean deben hacernos sentir incomodos porque esa sensación de malestar es la única forma de deshacer esa programación de que el fracaso es la inevitable conclusión.

La cuestión es que el fracaso es en realidad inevitable; sin embargo, la historia va más allá de eso. Fracasas y sigues adelante. Fracasas y sigues adelante. Fracasas y sigues adelante. *Enjuague y repita.* Sin embargo, cuando decides no seguir adelante, ese es un *fracaso* real que nunca desaparecerá.

Luchamos contra nuestra programación y las influencias negativas en nuestros círculos sociales y comerciales todo el tiempo. Es un ataque diario, y el peso de esa negatividad constante y la mentalidad del "no" finalmente triunfarán si no tienes de tu lado la Psiquis del Éxito adecuada.

No dejes que eso te pase. No seas una advertencia para tus hijos. Sé el pez que está dispuesto a nadar contra la corriente para llegar a su destino.

EL FRACASO ES LO QUE CREA MOMENTOS DE INSPIRACIÓN

El fracaso es solo una parte de un proceso cualquiera. Piensa en los primeros pasos de un niño. Piensa en la primera vez que intentaste hacer una voltereta. La primera vez que probaste un deporte nuevo. Aprender a hablar, a andar en bicicleta, a parquear en paralelo, a volar una cometa.

Nada que sea importante en el mundo queda perfecto o remotamente bien hecho la primera vez (o la segunda o la tercera vez).

El fracaso forma parte de la vida tanto como el amor, el dolor, la felicidad y la tristeza. Cuando comprendes lo que es el fracaso y lo reconoces como una parte esencial del progreso, instantáneamente se convierte en algo mucho menos intimidante. Otro descubrimiento revolucionario sobre el fracaso es este:

> **El fracaso es lo que provoca los momentos de inspiración en la vida.**

Edison falló mil veces tratando de perfeccionar la bombilla. Pero siguió intentando. Debido a su perseverancia, el mundo ahora es mucho más brillante (por supuesto, lo que Edison descubrió después de seis mil fallos no fue la bombilla en sí, sino el material adecuado para el filamento de la bombilla: bambú carbonizado).

¿Te das cuenta de cuántos materiales probó? Probó seis mil materiales posibles. Sin ese tipo de persistencia frente al fracaso, ni siquiera conoceríamos el nombre de Thomas Edison.

Sin cada uno de los fracasos de las grandes mentes, tampoco tendríamos cosas como los automóviles.

No tendríamos aviones.

No tendríamos la desmotadora de algodón.

No tendríamos Internet.

Ni siquiera tendríamos computadoras.

En la develación del nuevo vehículo futurista de Tesla, el

Cybertruck, Elon Musk hizo que el diseñador principal saliera al escenario a lanzar una bola de acero a la ventana mientras Musk explicaba que el vidrio era irrompible.

Bueno, aparecieron grietas cual telarañas (las dos veces que lo intentó). Eso significa que Musk hizo el resto de su presentación frente a dos ventanas rotas, un recordatorio tangible de su fracaso.

Qué vergüenza para Elon Musk, ¿verdad?

¡Debería haber tirado la toalla en ese mismo momento!

O tal vez no. Musk nunca permitiría que un fracaso, incluso uno enorme y público, se interponga en su camino ni por un momento. Ese tipo de determinación ayudó a Musk a convertirse en la persona más rica del mundo más rápido que cualquier otra (con el incremento de patrimonio más grande en la historia para un mismo año en el 2020).

Ahora Musk dice que va a ir a Marte y, francamente, creo que llegará porque se niega a fracasar. En 2018, Musk le dijo en CBS que había estado durmiendo en el piso de su fábrica durante la producción de su Tesla Model 3 porque trabajaba tan duro que no tenía tiempo para ir a casa y ducharse.

Elon Musk decidió que tendrá éxito sin importar que sea necesario. Es una persona que ha reescrito su programación y se niega a considerar los fracasos como el final.

Entonces, ¿qué quieres y qué estás dispuesto a sacrificar? Pero, más importante aún ¿puedes aceptar el fracaso? Si no reconoces el arraigo de esta programación, estarás destinado a permitir que el fracaso te descarrile y te obligue a bajar de la montaña.

EL ÉXITO ES SUBJETIVO

Hablar de una potencia como Elon Musk me permite la transición perfecta para mencionar algo más que debes entender.

No todo el mundo está dispuesto a dormir sobre cemento para lograr sus sueños, así como no todo el mundo quiere ser famoso, hacerse rico o viajar a Marte.

Y eso está bien.

Hay diferentes niveles de éxito. Tu nivel actual de éxito no es "incorrecto" o inadecuado, a menos que así lo creas. Para algunos, lo que tienen ahora mismo ya es más que suficiente. Para otros, no lo es.

> **El éxito no es dar en el blanco.**
> **Para algunos, es darle a cualquier parte del objetivo.**

Sin embargo, si deseas alcanzar un nuevo nivel de éxito, también es genial. Si deseas alcanzar otro nivel de éxito, debes elegir rodearte de personas que ya están donde quieres llegar o incluso más allá. Nunca pasarás al siguiente nivel si te quedas en tu zona de confort.

Las personas más exitosas que he conocido, permanentemente se salen de su zona de confort. No lo malinterpretes como que son infelices o se sienten insatisfechas; son personas que encuentran alegría en la vida, a la vez que son capaces de ver más allá de su situación actual y esforzarse por llegar más allá. Y ese "llegar" al siguiente nivel a veces duele un poco (o mucho).

La mayoría de las personas con las que te encontrarás en esta vida se han convencido a sí mismos que están bien justo donde están porque así es más fácil.

> *Estoy bien. Tengo una casa bonita y un auto que funciona. Mis hijos están bien alimentados y bien vestidos. Vamos a la playa una vez al año.*

Si eres capaz de enunciar una afirmación como esas sin que tan siquiera una pizca de arrepentimiento o insatisfacción se infiltre en tu mente, entonces a lo mejor la situación en la que te encuentras realmente es suficiente para ti. Si es así, entonces has alcanzado el tipo de comodidad y satisfacción que muy pocos obtienen en esta vida.

Sin embargo, supón que vas a ser honesto contigo mismo (y puedo decírtelo porque estás leyendo este libro). Predigo que probablemente no sea suficiente conformarse con "lo suficiente" o "lo que está bien". Tu subconsciente te está diciendo que quieres más, pero lo has estado reprimiendo.

¿Estoy hablando de éxito material y monetario? Sí y no. El éxito financiero es la puerta que abre todos las demás; sin embargo, hay personas que todo lo que realmente necesitan para ser felices es un techo sobre su cabeza y su familia a su lado. Amo a mi familia y mi hogar también, pero soy el tipo de persona que quiere desafiarse a sí misma para hacer más y permanecer fuera de mi zona de confort.

Estar fuera de mi zona de confort me alimenta tanto como mi deseo de no sentir arrepentimiento. Sin embargo, es necesario hacer una advertencia antes de continuar:

> **Debes asegurarte de perseguir tu propia definición de éxito, no la de alguien más.**

Esto debes determinarlo antes de continuar este recorrido, debes definir qué es el éxito para ti. Las cosas no van a funcionar si estás persiguiendo el éxito de tu hermano, tu mejor amigo o de un influencer de Instagram. Incluso si logras tu definición de éxito según los estándares de otra persona, siempre sentirás que hay algo que *no encaja*, se sentirá insincero, poco satisfactorio. Vacío.

También es importante decirte que, si eres como el resto de nosotros, tu definición de éxito podría cambiar día a día. Puede que leas algo inspirador y decidas ir por más. El éxito de otra persona puede ser la chispa que te haga pensar en grande. Puede que formes una familia y que con ello todo tu mundo cambie junto con tus prioridades y metas.

Nadie puede ni debe juzgar *tu* definición personal de éxito. Solo tú puedes juzgar qué es el éxito para ti: el dinero que deseas ahorrar, el nivel de libertad que necesitas en tu carrera, la cantidad de tiempo que pasas con tu familia y las personas o causas que deseas ayudar. Todo depende de ti.

No olvides que mientras persigues ese sueño, esa meta, ese gran éxito, también tienes que vivir el momento presente.

Esto puede ser una tarea difícil porque los objetivos son, predeterminadamente, algo que deseas lograr a *futuro*. También hay muchas incógnitas y, en este momento, estás andando un camino; pero puede aparecer algo, alguien o alguna eventualidad que te teletransporte a otro lugar sin previo aviso.

Tienes que ser flexible. También debes mantenerte firme para reaccionar a esos eventos inesperados con *claridad y consciencia*. Permanece en el momento presente, listo para responder ante cualquier falla. Lo sé ... es más fácil decirlo que hacerlo ¿verdad? Nunca dije que nada de esto sería fácil, pero es completamente factible cuando tienes la Psiquis del Éxito.

EL MITO DEL ÉXITO DE LA NOCHE A LA MAÑANA

No hay muchas cosas en la vida que sean absolutas, pero esta es una de ellas: *si no fracasas, no puedes tener éxito*. Por paradójico que parezca, realmente no hay otra forma de lograr el éxito que deseas. Una vez que lo comprendes y lo aceptas completamente, se convierte en una cuestión de confiar en el proceso y saber que cada fracaso te está acercando a donde deseas ir.

No debes *estar a la espera* del fracaso ni contar con que vas a fallar, sin embargo, indudablemente, sucederá. Cuanto más intentes, más fallarás.

Si en el transcurso de mi día intento algo y no funciona, ya ni siquiera lo llamo fracaso, lo llamo *aprendizaje*. Puede parecer un ajuste sin relevancia, pero es significativo porque me permite empezar a ver el fracaso de manera más positiva instantáneamente.

Cuando fracaso, aprendo exactamente cómo no hacer las cosas la próxima vez, entiendo cómo mejorarlo, así que no se trata de decir *¡Oh, no! fallé*, sino más bien *¡Qué bien! Ahora sé qué ajustes debo hacer*.

Hay otro error que veo que la gente comete. Cuando fallan, se trasladan hasta el otro extremo del espectro e intentan algo completamente diferente. Sin embargo, esto puede causar que debas hacer un doble esfuerzo, lo cual no es algo que me guste en absoluto.

Thomas Edison no descartó del todo la idea de un filamento. Simplemente probó diferentes materiales. Edison fallaba y luego hacía un cambio pequeño.

Se le conoce como ajuste.

No hagas un cambio completo de 180 grados cuando un cambio de diez grados te puede poner en el camino correcto. Simplemente haz los ajustes necesarios y vuelve manos a la obra. Conviértete en alguien que reacciona con precisión detallada por determinación y no con cambios radicales por frustración.

Imagínate un niño que intenta caminar por primera vez. Da un pequeño paso adelante y se cae. ¿El niño asume que el problema es que sus piernas y pies no funcionan? Por supuesto que no. Si estás esquiando por primera vez y caes una vez tras otra ¿asumes que los esquís son el problema? Obviamente no. Sin embargo, esto es en esencia lo que muchos de nosotros hacemos cuando realizamos cambios de envergadura en nuestros negocios.

> **Se necesitan más ajustes menores y menos transformaciones radicales.**

Cuando eres un niño y aprendes a hablar y leer, es un viaje. Se necesita mucho tiempo para recordar y reconocer palabras e incluso más para interiorizar las reglas fonéticas y ortográficas. Pero por alguna razón, cuando nos convertimos en adultos, esperamos aprender todo rápidamente, convertirnos en "expertos" de la noche a la mañana.

La vida no funciona y nunca funcionará de esa manera. Entonces, si estás programado para recibir gratificación instantánea, no hay mucho que pueda hacer por ti más que decirte que es hora de recordar cómo aprendiste a leer. Una palabra a la vez. Un sonido a la vez. Baja la velocidad y comprende el proceso. Los éxitos de la noche a la mañana solo ocurren en las películas.

Malcolm Gladwell es un autor inteligente que sabe comercializar sus libros. Cuando leí por primera vez su libro *Valores Atípicos*, pensé que aprendería como convertirme en un valor atípico o al menos descubriría los rasgos de una persona que se le considere como tal. Quería conocer los "secretos" para convertirme en una de esas personas que atraen el éxito de forma natural sin esfuerzo.

Bueno, imagina mi sorpresa cuando terminé el libro y me di cuenta de que no existen los valores atípicos. Se necesitan alrededor de diez mil horas para sobresalir en cualquier cosa. No importa dónde naciste, tu coeficiente intelectual o cuanto talento "natural" poseas.

> **Antes de convertirte en un gran éxito, experto o autoridad en algo, debes invertir al menos diez mil horas en fracasar.**

Los únicos "valores atípicos" reales son aquellas personas que siguen adelante cuando fracasan. Gracias a los efectos devastadores de la búsqueda de gratificación instantánea de nuestra sociedad, en la actualidad, persistir ante el fracaso es la excepción y no la norma.

Nos enseñan que el trofeo de participación es suficiente.

Se nos enseña que está bien fracasar y simplemente quedarse en el piso.

Si quieres ser un valor atípico, deja de lado la idea de volverte exitoso de la noche a la mañana, de ganar dinero rápido y de buscar los mejores planes para hacerte rico rápidamente.

La sociedad moderna nos ha embaucado y es nuestro deber salir de su engaño y retornar a lo que funciona, es decir, la perseverancia.

CUANDO TE GOLPEAN EN LA CARA

Es fácil hablar sobre el concepto de convertirse en un caso atípico porque suena bien. Después de todo ¿quién no querría ser uno de esos que siempre pueden superar obstáculos y seguir adelante? Pero ¿qué pasa si no solo te tropiezas o te topas con un obstáculo?

¿Qué pasa si, en cambio, te golpean en la cara?

Algunas cosas en la vida son más difíciles de superar que otras, eso es algo en lo que todos estamos de acuerdo. Los negocios fracasan, los seres queridos se enferman o empeoran, las relaciones terminan, los accidentes ocurren. La vida está llena de incertidumbre.

> **La cuestión es que no importa cuán grande o pequeño sea el golpe, solo tienes dos opciones: quedarte en el piso o volver a levantarte.**

He enfrentado muchos golpes en la vida y aunque esta próxima historia no es una de las más grandes, fue un momento en que recibí un puñetazo en la cara

Cinco meses antes del cierre del 2020, perdí a uno de mis ejecutivos sin previo aviso. Fue un puñetazo en la cara en un momento en el que todo a mi alrededor (y el resto del mundo) se llenaba de incertidumbre.

Cada vez que enfrento ese tipo de momentos, lo comparo con estar dentro de un ring de boxeo en una pelea de peso pesado; y justo en ese momento me golpean en la cara.

Me habían derribado y pensé: *Está bien, eso dolió. ¿Qué hago ahora? ¿Me levantaré y pelearé, o me rendiré y me quedaré aquí?*

A decir verdad, me quedé derribado por un momento porque algunas veces lo necesitas. Entré en pánico y estaba molesto. Si me hubiese levantado de un salto demasiado rápido, me habría sentido mareado y podría haber tomado una decisión apresurada por miedo.

En medio de mi revuelo, mi esposa se asomó en mi oficina y me preguntó: "¿Quieres ir a caminar?"

Ninguna parte de mí quería salir a caminar en ese momento. Quería seguir en mi revuelo. Pero acepté de todos modos y sucedió lo más increíble. Las cosas empezaron a hacer clic en mi cabeza. Comencé a concentrarme en mi esposa e hija y no en la emergencia. El pánico y el mareo fueron desapareciendo.

Fue entonces cuando mi cerebro comenzó a idear un plan en lugar de una respuesta emocional.

Entré en "modo solución" e hice un cambio contrario a la

intuición. Llamé a tres de los miembros estelares de mi equipo y los hice llorar. No te preocupes, eran lágrimas de alegría. Les di un aumento a todos porque perder a mi mejor empleado me recordó que no muy a menudo llegan miembros valiosos a un equipo. Entonces, cuando encuentres uno bueno, trátalo como merece ser tratado.

Me tomó que me derribaran para darme cuenta de que debería cuidar mejor a las personas que ayudan a crear el éxito en mi vida.

Me encontré ensangrentado y magullado un minuto, pero al siguiente, estaba agradecido. Tenía tres grandes miembros en mi equipo cuya lealtad se había cimentado. Esto nos dejó a *todos* (yo incluido) inspirados a trabajar más duro uno para el otro.

Tanto las personas exitosas como las fracasadas se revuelcan en el piso. La diferencia es que las personas exitosas se revuelcan en el piso durante un minuto, luego se levantan y siguen luchando, y lo hacen más inteligentemente.

Recibir un puñetazo en la cara es una oportunidad. Te recuerda que quizás bajaste la guardia. Es entonces una oportunidad para ser creativo y no solo permanecer a la defensiva, sino para trabajar en la ofensiva. A veces, ese proceso puede llevar un día y a veces puede llevar semanas o meses. Nuevamente, recuerda que no existen los "resultados instantáneos".

Podría ser un mes. Podrían ser seis semanas. Pero siempre hay una razón para que sucedan las cosas. Si tienes la Psiquis del Éxito, sacarás lo mejor de ello cuando te golpeen en la cara. Caes y te levantas más fuerte, agradecido por la oportunidad de aprender, apreciando el golpe de realidad.

La vida es muy incierta. ¿Acaso la mañana que perdí a mi ejecutivo clave me desperté pensando que estaba a punto de perder a esa persona? Por supuesto que no.

Pero sucedió, me hizo entrar en pánico, a la vez que me hizo enfocar en el futuro. Me enfoqué en todos los negocios que iba a perder. Todo giraba en torno a lo que *pensé* que iba a ocurrir. Me encontré intentando predecir el futuro.

Esto me recordó que los viejos hábitos pueden volver fácilmente a nuestras vidas si no tenemos cuidado. Hace mucho tiempo (durante mis días en la Casa del Wafle), solía despertar cada mañana consumido por el estrés. Desde el momento en que abría mis ojos, imaginaba el desenlace de diferentes escenarios (la mayoría de ellos negativos). Ello me ponía a la defensiva y me obligaba a cargar el peso de ese estrés durante todo el día. En retrospectiva, siento que me quitó un par de años de vida.

Eventualmente aprendí que no puedo preocuparme por el futuro porque no soy adivino. No hay nada seguro en esta vida. Todo a lo que debo responder se encuentra en este momento.

Aun así, esa mañana, cuando perdí a mi jugador clave, empecé a tratar de predecir el futuro nuevamente. Traté de predecir lo que sucedería a continuación como si fuera un meteorólogo pronosticando el clima o como si tuviera una bola de cristal (y la visión no era muy buena).

El viejo yo se habría quedado allí y habría actuado por miedo al futuro, pero mi Psiquis del Éxito me salvó (junto con la sugerencia de mi esposa de salir a caminar). En lugar de predecir los peores escenarios posibles, descubrí cómo usar el presente, el único lugar donde tengo poder, para llevar mi negocio al siguiente nivel.

¿Qué te ofrecen las preocupaciones y las predicciones de futuro, además de insomnio, subidas de presión y afectaciones a tu calidad de vida? Nada.

Y, aun así, estamos programados para vivir en el futuro ¿por qué? Porque eso es lo que hacen las personas que nos rodean. ¿Y sabes eso qué significa? Significa, entre otras cosas, que es posible que debas buscar un grupo diferente de personas al cual llamar tu tribu.

CONVIÉRTETE EN EL DIRECTOR DE TU VIDA

No todo el mundo quiere liderar una empresa. De hecho, muy pocas personas estarían interesadas en convertirse en jefes de una organización. Esto puede deberse a que la programación para el fracaso que nos inculcaron durante nuestra infancia impide que la mayoría de las personas crean que tienen lo que se necesita para inspirar a otros.

Yo digo que, si quieres iniciar y dirigir un negocio, hazlo. Me encanta ser el líder de mi propio negocio. Pero, francamente, no me preocupa convertir a todos en directores ejecutivos en el sentido tradicional.

> **Considero que toda persona sobre la faz de la tierra debería ser el director ejecutivo de cualquier función que desempeñen en la vida. En el matrimonio, la paternidad, las relaciones con amigos y familiares.**

¿Sabes quién tiene el control de tu destino? Te daré algunas pistas:

no es tu jefe, tu cónyuge, el gobierno, tus padres o tus hijos.

Eres tú.

Seas o no consciente de ello, ¡ya eres el director de tu vida!

No esperes a que tus amigos o familiares hagan algo que genere la Psiquis del Éxito en tu interior. No es así cómo funciona. Los directores toman la iniciativa para hacer que las cosas sucedan. No son *reactivos*. Son *proactivos*.

Yo soy el director ejecutivo de mis hijos. Como su padre, yo decido a qué hora se van a dormir, qué alimentos consumen y qué programas ven. Como buen director ejecutivo que se preocupa por aquellos que dirige, significa que también tengo la responsabilidad de preparar a mis niñas para que ganen, de darles las mejores ventajas posibles en la vida.

Hay mucha responsabilidad en ese rol, y si no lo ocupo yo, ¿entonces quién? ¿Debería simplemente hacerme a un lado y dejar que la sociedad dirija la vida de mis hijos? Presiento que no saldría bien.

Como buen director ejecutivo, también aplico lo que predico. Si les digo a mis hijos que no pueden salir con cierto amigo porque no es una buena influencia, más vale que proteja con fiereza mi propio círculo de influencia. Si les digo a mis hijos que lean más libros para que sus mentes crezcan, más me vale leer todos los días. Si les digo a mis hijos que se vistan bien y se peinen antes de salir de casa, más vale que yo también luzca lo mejor posible antes de salir de casa. Necesitan ver que dormir es importante y yo se los demuestro yéndome a la cama temprano.

| Tengo que ser un ejemplo digno de seguir.

No me importa cuál sea tu puesto: conserje, madre, vendedor por redes, vicepresidente, comerciante, conductor de autos de payaso, asistente ejecutivo, empleado de medio tiempo. No importa. Puedes ser el líder dondequiera que estés. He aquí algunas otras cosas que la vida me ha mostrado sobre los directores ejecutivos:

1. Los directores ejecutivos se comprometen a ganar.

Es imperativo estar impulsado a ganar. Eso es lo que ha catapultado mi éxito. Odio perder más de lo que me encanta ganar. ¡Y me encanta ganar! Desarrolla el gusto por la victoria y nunca te conformes con menos.

2. Los directores ejecutivos protegen su círculo.

Todos hemos escuchado decir que las personas cinco con quienes te juntes y los libros que leas determinarán cómo será tu vida en cinco años. Estoy aquí para decirte que es cierto. ¿Crees que los mejores directores ejecutivos (desde directores ejecutivos de hogares hasta directores ejecutivos de las compañías en Fortune 500) se juntan con personas que carecen de seguridad y empuje? Absolutamente no. La mayoría de las personas son negativas y debes huir como Forrest Gump de la negatividad. Aquí hay algunas preguntas que debes hacerte (te recomiendo que las anotes):

- ¿Con quién paso mi tiempo?
- ¿Qué efectos tienen estas personas en mi psiquis?
- ¿Qué están leyendo?

- ¿De qué hablamos cuando estamos juntos?
- ¿Me ayudan a mejorar?

¿Qué opinas de estas respuestas? No permitas que nadie influya en tu vida a menos que también tengan la Psiquis del Éxito. Defiende ferozmente tu tiempo y con quién lo pasas; también asegúrate de siempre llenar tu mente con material de lectura de alta calidad.

> **Si aún no eres miembro de un club de lectura, me gustaría invitarte a unirte al mío. Solo ingresa a: www.facebook.com/NextLevelBookClub para unirte.**

3. Los directores ejecutivos valoran el crecimiento antes que la comodidad.

La resiliencia es un ingrediente clave que diferencia a los atletas profesionales de los aficionados. También es un ingrediente clave para crear la Psiquis del Éxito. Cuando algo no sale bien, ya sabes que la mayoría de nuestros amigos y familiares viven en el pasado (arrepentimiento) o comienzan a vivir en el futuro (miedo). La forma de superar el fracaso y volverse más fuerte gracias a éste es resolver nuestros problemas en el presente.

Una vida de victorias no está diseñada para ser cómoda. La incomodidad es la forma en que sabes que vas en la dirección correcta. También te ayudará el decidir valorar el progreso constante sobre un momento de gran avance. En otras palabras, se trata de constancia porque esta tiene un efecto acumulativo. Somos una sociedad de resultados inmediatos; el éxito no funciona de esa manera, al menos no se quedará en nuestras vidas de llegar así.

4. Los directores ejecutivos aprenden de por vida.

Jamás podrás decir que lees, estudias o investigas en exceso. Se ha dicho que alguien que no lee no está mejor que una persona que no sabe leer. Sin embargo, también debes dar un paso más allá. Toma lo que aprendas y aplícalo a través de una acción inmediata.

El aprendizaje es el comienzo de la riqueza, la salud y la felicidad. Y, aun así, después de los 21 o 22 años, el aprendizaje formal se detiene. Esto significa que la mayoría pasan los últimos sesenta años de su vida sin más aprendizaje o crecimiento discernible. Las tres mejores formas de aprender son:

- Leyendo.
- Observando y haciendo muchas preguntas.
- Reflexionando sobre tus propias experiencias y aprendiendo de ellas.

5. Los directores ejecutivos siempre duermen lo necesario.

Lo mejor que puedes hacer por tu salud mental y física y tu psiquis es dormir de siete a ocho horas por noche. He escuchado a muchas personas exitosas decir "dormiré cuando muera".

Yo digo que si así es como vives, morirás mucho antes de lo planeado. Cuando duermes lo suficiente, estás despejado, concentrado y lleno de energía. También facilita encontrar la felicidad en el momento presente y no permitir que el cansancio empañe tu juicio.

Dormir lo suficiente es la primera clave para desarrollar tu Psiquis del Éxito. No es por ser dramático, pero debe convertirse en la *prioridad principal de tu día.* El sueño te mantendrá joven, motivado, inspirado y de mente aguda. Siempre me digo a mí mismo *que si he descansado, seré imparable. Pero si estoy cansado, no seré tan productivo como podría serlo.*

Dormir bien es un hábito que puedes comenzar a desarrollar hoy mismo. Vete a la cama más temprano y prográmate para dormir como si fuera tu objetivo más importante todos los días, porque lo es.

> **Comprométete a dormir de siete a ocho horas por noche, ¡sin excepciones!**

6. Los directores ejecutivos se visten para causar impresión

Mi abuelo siempre me dijo que fuera la persona mejor vestida en cualquier lugar. Eso era difícil cuando de niño usaba jeans Rustler y bobos, pero, a lo largo de los años, hice de esto una parte integral de mi vida. Como profesional, uso mi ropa a mi favor. Dondequiera que voy, la gente siempre me pregunta en qué trabajo y eso me ayuda a presentar mi negocio y conocer a más personas.

No importa dónde esté, pienso que estoy en el escenario. Si trabajas desde casa, levántate temprano y ponte ropa bonita. Comprométete a quitarte el pijama antes del desayuno y ve qué causa eso en tu psiquis.

Nunca sabes con quién podrías encontrarte que cambiará tu vida. ¿Qué tal que vayas en un avión y conozcas tu próxima oportunidad? Luce siempre lo mejor posible y se te presentarán más oportunidades de manera natural.

> **Cuando te ves lo mejor posible, te sientes mejor, actúas mejor y estarás en tu mejor momento.**

7. Los directores ejecutivos no "intentan".

Odio la palabra *intentar* (y no es que odie muchas cosas). *Intentar* no es una palabra de compromiso. Quiere decir: "Lo intentaré, pero no voy con todo porque no creo que pueda lograrlo". Las palabras para usar en su lugar son *lo haré*. No intentes. Comprométete a actuar.

8. Los directores ejecutivos nunca se autosabotean.

La única persona que se interpone en el camino hacia la vida de tus sueños eres tú. Por lo tanto, no pases por alto el paso fundamental de definir tú por qué. Lo necesitarás en tiempos difíciles. Si no sabes a dónde vas, te aseguro que terminarás en un lugar en el cual no querrás estar. Tu por qué te dará un propósito. El por qué correcto te dará una razón para saltar de la cama en la mañana y darlo todo.

En la América corporativa, hay muchos niveles de liderazgo. Los gerentes tienen gerentes que tienen gerentes que tienen gerentes. ¡El bucle parece no tener fin! La razón por la que las empresas deben estructurarse de esta manera es porque la gente no hace su trabajo. La mayoría de la gente se niega a verse a sí misma como el director ejecutivo de su trabajo, sin importar el puesto.

Cuando te ves a ti mismo como el director ejecutivo, no necesitas que nadie más te dirija; te puedes dirigir tú mismo. Toma la iniciativa para desarrollar buenos hábitos. Lee todos los días. Cuida de tu cuerpo. Duerme lo suficiente. Escucha a los demás. ¡Haz lo que hacen los líderes!

Así es como te vuelves exitoso. Así es como aprovechas las

oportunidades cuando se te presentan. Los directores ejecutivos de todos los ámbitos de la vida y en todos los puestos bajo el sol tienen el control de su propio destino.

EL ÉXITO ES UN OBJETIVO EN MOVIMIENTO (Y ESO ESTÁ BIEN)

Tu definición de éxito debería cambiar todos los días.

Se producirán oportunidades de aprendizaje imprevistas. Todo el tiempo. Así es la vida. Vas a fallar en algún momento todos los días. Así es la vida también.

Es posible que hoy el éxito se vea como un día de descanso y relajación total con amigos o familiares. Luego, el día de mañana el éxito será de ayudar a tu equipo a superar una serie de contratiempos. Al día siguiente, ser exitoso significa que te levantas a las 5 am para hacer ejercicio.

La lista podría seguir y seguir. El punto es ampliar tu definición de éxito.

> **Nunca permitas que el éxito se convierta en un concepto estático o lineal en tu mente.**

En la búsqueda de desarrollar una Psiquis del Éxito, es fácil enfocarse en el futuro. No hay forma de evitarlo. El resultado final es que terminamos *persiguiendo* el éxito en lugar de vivir en él.

Si bien es cierto que la Psiquis del Éxito requiere que tengas un plan y metas a futuro, es un hecho que actuar en consecuencia requiere pequeños pasos diarios en el aquí y ahora. La vida no tiene una lámpara mágica ni un control remoto gigante con un botón de avance rápido. Solo puedes lograr una cosa a la vez. Ten el objetivo grande en mente, pero luego vuelve al momento presente y di: *Así es como se ve el éxito para mí HOY.*

Más adelante, hablaremos sobre los tableros de visión y cómo hacerlos correctamente (porque son fáciles de estropear e inútiles sin una estrategia que les respalde). Por ahora, recuerda que no vas a despertar mañana habiendo "alcanzado el éxito" como una especie de punto fijo en un mapa.

No sucederá mañana. No sucederá el mes que viene. Entonces, ¿qué harás hoy para avanzar hacia tu objetivo (con pleno conocimiento y conciencia de que hay otro objetivo más allá de ese)?

Si continuamente persigues objetivos bajo la premisa *"seré feliz cuando..."*, jamás los lograrás. Así de simple. Ese tipo de mentalidad es basura y conducirá a una vida de insatisfacción.

Puedes tener éxito en algunas áreas de tu vida y encontrar una semblanza de equilibrio sin importar lo ocupado que estés o lo mucho que te falte por recorrer.

Es posible que no pases tanto tiempo con tus hijos como te gustaría, pero si los momentos que pasas con ellos son de calidad, entonces eso es lo que importa. Por ejemplo, dime cuál es mejor:

1. Estar en casa todo el día con tus hijos, pero inmerso en tu teléfono todo el tiempo.
2. Pasar una hora jugando al aire libre con tus hijos sin teléfono y sin interrupciones.

La respuesta es simple.

Incluso quince minutos de calidad son mejores que una hora con distracciones.

Yo paso una o dos horas todas las mañanas con mi hija. Le doy el desayuno, vemos un programa de Disney y jugamos. Lo que sea que necesite en ese momento, lo haré con alegría. Lo doy todo durante esos preciados minutos.

Ese momento es un verdadero éxito.

¿Estoy ganando el dinero que quiero ganar? ¿Estoy impactando suficientes vidas? ¿Estoy donando lo suficiente a los necesitados?

A decir verdad, la respuesta probablemente siempre será no.

Pero no puedes confundir eso con un fracaso. Debería servirte de motivación para seguir adelante, para esforzarte. ¬ Esa es la esencia de la Psiquis del Éxito.

Este capítulo estaba destinado a sentar las bases que necesitamos para discutir el qué y el por qué detrás de mi rutina diaria. Espero que hayas sacado provecho, pero si solo habrás de recordar una o dos cosas, que sea esto:

Define el éxito en tus propios términos y planea continuamente para el futuro, para luego trabajar como loco para mantenerte en el poder del momento presente.

DURAREMOS MAS SI COMPETIMOS CONTRA NOSOTROS MISMOS POR EL BIEN DE LOS DEMAS EN LUGAR DE COMPETIR CONTRA LOS DEMAS POR EL BIEN DE NOSOTROS MISMOS.

SIMON SINEK

CUATRO

DEFINE TU *POR QUÉ* COMO TU LEGADO

esde el innovador libro publicado por Simon Sinek en 2009, *Empieza con el Por qué*, el mundo empresarial se ha visto inundado de discusiones sobre la palabra *por qué* y qué significa para nuestras vidas. Si no lo has leído, te lo recomiendo ampliamente.

Cuando empecé a escribir mi propio libro, también comencé con el por qué. Irónicamente, cuando comencé el proceso, descubrí que me sentía obligado a escribir este libro para deshacer parte del daño causado por los gurús del éxito modernos. El mensaje original de Sinek estaba lleno de una autenticidad y verdad inconfundibles. Aun así, desde ese momento, muchos otros han tomado la idea y la han retorcido para convertirla en la idea de que "se empieza con las ganancias".

Cuando lo desglosas, solo hay dos formas de abordar la fijación de metas y el camino hacia el éxito:

1. Se empieza por la insatisfacción y se asume que esta se basa en motivos económicos. Cuando las cosas se ponen difíciles, crees que no estás destinado a tener riqueza o éxito y renuncias. Te quedas con una sensación de arrepentimiento desde el primer día del recorrido.

2. Empiezas por encontrar el por qué que te permitirá superar el dolor que viene con el cambio. Te quedarás con una sensación de victoria desde el primer día del recorrido.

Incluso antes del *fenómeno del por qué*, gran parte del material sobre el éxito y la motivación se centraba en ver la forma de pensar como la vía más rápida hacia la riqueza. Si bien esto puede ser cierto para algunos, el concepto ha dejado a varias personas insatisfechas y preguntándose dónde se equivocaron.

Como parte de mi capacitación en la Psiquis del Éxito, enseño que el dinero es un subproducto totalmente opcional de encontrar tú *por qué*. Aun así, si lo que buscas es el éxito financiero, encontrar tú *por qué* es el único camino para llegar a tu destino.

¿Sabes *por qué* quieres tener éxito? Si no tienes un por qué, renunciarás cuando las cosas se pongan difíciles. Te lo garantizo.

De hecho, me atreveré a decir que la *manera más simple* de fracasar es empezar sin un *por qué*. Mucha gente lo sabe. Sin embargo, también han sido programados para fracasar y creen que al final terminarán en un desastre total. Tampoco quieren rendir cuentas a su *por qué* cuando esto sucede.

Cuando encuentras tú *por qué real* e inconfundible, este se convierte en la razón para salir de la cama todas las mañanas. Sin tu *por qué,* tu cabeza se llena de excusas y, lo que es más grave, de *justificaciones* sobre por qué deberías quedarte bajo las cobijas.

Tú *por qué* es también lo que te permite ver el fracaso como progreso. Una cosa que todas las personas exitosas tienen en común es que no buscan lo que funciona…

Las personas exitosas buscan lo *que no* funciona.

A primera vista, no tiene sentido. Sin embargo, si vas a tener éxito, reprograma tu cerebro para que se guíe con este pensamiento: *Voy a encontrar lo que no funciona.*

Entonces, cuando falles (y fallarás mucho), ese fracaso será un tipo de éxito en sí mismo porque no habrás fracasado. Solo habrás encontrado algo más que bloquea tu camino y que se puede apartar.

Concentrarte en tu *por qué,* te permite replantear el fracaso como un progreso. También te permite ver los errores de los demás como oportunidades de aprendizaje. De esa manera, en lugar de aprender solo de tus propios errores, podrás disminuir la posibilidad de equivocarte. Es como condensar la maratón del éxito de 42 kilómetros en 21 kilómetros.

RECONECTARSE CON LA FE

Hablando de aprender de los errores de los demás, es definitivo que "los demás" no tienen todas las respuestas. Nadie sobre la faz de la tierra tiene todas las respuestas. Nadie ha encontrado un camino fácil hacia el éxito que ahora se pueda copiar paso a paso. Pensar que algunas personas simplemente "tuvieron la suerte" de tener éxito es una tontería. También es una excusa.

No te sientes a sentir lástima por ti mismo. Encuentra un por qué lo suficientemente poderoso como para no sentirte obligado a esconderte detrás de la lastima.

Desafortunadamente, cuando la mayoría de las personas cometen un error, su programación innata hacia el fracaso y *mentalidad predominante del* "no" hace que se sientan (des)contentas de vivir en el pasado, siempre preguntándose por lo que podría haber sido. Ese es un error que cambia las reglas del juego porque si no avanzas y corriges, no mejoras.

Todo se basa en la forma en que miras el fracaso y va de la mano con tu opinión sobre ti mismo: *¿Crees que eres capaz de lograr cualquier cosa?* La mayoría de nosotros tiene dudas constantes que nos llevan a no tomar acciones porque no creemos que seamos capaces o ni siquiera creemos que merecemos ganar.

¿Recuerdas cuando eras niño y creías que un tipo gordo de traje rojo te traía regalos cada Navidad? La fe es mágica. Puede llenarte de asombro y hacerte creer que lo imposible es, de hecho, posible. Ese tipo es capaz de entrar por tu chimenea e incluso traer una bicicleta de carreras con él.

¿Por qué esta magia muere con la edad? Es tu programación hacia el fracaso contra la cual tienes que luchar con todo lo que hay en ti y así anularla. Pregúntale a cualquier niño y te dirá que la fe hace que las cosas se vuelvan realidad. Debes creer que eres capaz de lograr lo que te has propuesto.

Si crees que te vas a enfermar... sí crees que te vas a divorciar...

sí crees que llegarás tarde... sí crees que vas a subir de peso. Literalmente no importa. Si convences tu cerebro de que algo es real, él encontrará la manera de hacerlo realidad.

Si tiendes a dudar de ti mismo, te espera una batalla, pero la buena noticia es que sé que puedes superar esta programación. ¿Cuál es entonces la mejor manera de superar las dudas y reconectarte con tu fe?

Acciones masivas.

EL FRACASO CONDUCE A LA ACCIÓN

Las personas caen y se quedan en el suelo cuando no luchan por cambiar su programación. En una ocasión, me encontraba conversando con un cliente que llevaba más de diez años saliendo con la misma mujer, tienen un hijo juntos y ella está desesperada por casarse, pero él no está dispuesto. Le pregunté por qué y él respondió: "Es simplemente la forma en que me criaron. Mi padre me enseñó que el matrimonio destruye las buenas relaciones".

Le dije: "Eso es programación y es mentira. Si lo que viste de tu padre te hizo daño, puedes ser tú quien rompa el ciclo de disfuncionalidad".

Sí, cambiar es difícil. Es cómodo quedarse con los sistemas de creencias arraigados y la idea de desviarse de ellos es absolutamente aterradora. Pero cuando no cambiamos, es cuando fracasamos. Lo mismo les digo a las personas que capacito todos los días:

> **Si quieres cambiar tu vida, tienes que cambiar tu forma.**

Tienes que cambiar tu forma de pensar, tu forma de hacer las cosas, la forma como procesas el fracaso y cómo procesas el éxito. Quise incluir cambiar la forma en que se procesa el éxito porque he visto una y otra vez como la gente renuncia cuando consigue, aunque sea un poco de éxito. Ellos cometen el error fatal de concluir que "lo han logrado". En lugar de quitar el pie del acelerador, debes mantener el pie en el pedal mientras piensas: *"bien, genial. Ahora, ¿Qué hago para llegar al siguiente nivel?"*

Si no estás fallando, significa que no estás haciendo cosas lo suficientemente grandes. No puedes convertirte en un maestro de cocina sin quemar algunos platos. No se puede aprender a esquiar sin caerse. No puedes convertirte en un jugador profesional de baloncesto sin fallar muchos tiros. No se puede dominar un instrumento musical sin desafinar horriblemente.

Las redes sociales han hecho demasiado daño a la Psiquis del Éxito. Todo lo que vemos en internet, día tras día, son los brillantes y perfectos resultados finales de una cantidad indescriptible de lucha y esfuerzo. Se nos muestran todos los frutos del dinero: casas lujosas, automóviles, pilas de efectivo.

Recuerda, esa gloria representa montañas de fracasos masivos. No olvides la derrota. Se necesita. ¿Por qué? Porque la derrota y el fracaso son necesarios para provocar tres respuestas en ti:

1. El fracaso debería hacerte sentir más hambriento.
2. El fracaso debería hacerte crecer.
3. El fracaso debería hacerte más fuerte.

El verdadero secreto es este: si un fracaso aparente no te hace crecer, entonces en realidad no fallaste, porque el fracaso real siempre te hace actuar cuando tienes la Psiquis del Éxito.

¿Tienes que levantarte inmediatamente e intentarlo de nuevo? No. Puedes darte un tiempo para procesar lo sucedido y descubrir las fuerzas que lo impulsaron. No hay nada de malo en tomarse el tiempo para procesar. Solo no confundas el tiempo para procesar con una justificación para darte por vencido.

> **Cuanto más esperes para volver a levantarte, más difícil será pararte.**

Cuando fallo, me doy algo de tiempo... pero no demasiado. No soy diferente a ti en el sentido de que el diálogo interno entra en acción y pienso: *"Jay, ¡que estúpido eres! ¿Cómo pudiste hacer eso?"* No temo al dialogo interno, solo reconozco lo que es y lo apago lo antes posible.

Solo hay dos tipos de crisis: las reales y las que creamos. Gracias al poder de nuestras mentes, somos capaces de transformar dramáticamente un pequeño revés en grandes tragedias.

Ya conocemos la diferencia entre una crisis real y una crisis percibida en este punto de tu vida. Si aun no la conoces, es momento de aprender. Las crisis percibidas no deberían tardar más de unas pocas horas en salir tu mente. Toma la decisión de que no te agobien y pasa a buscar la solución. Los problemas reales puede que tome un poco más de tiempo procesarlos.

La verdadera marca de alguien que ha desarrollado la Psiquis del Éxito es que prospera durante cualquier crisis. ¿Alguna vez has notado que las mejores y más grandes empresas tienden a nacer en tiempos de gran agitación? Sus líderes son personas que ven las oportunidades en cada esquina y aprenden a usarlas para promover un *por qué* colectivo.

Siempre que el *porqué* de una persona o de una empresa sea honorable, no le veo ningún problema. Durante el cierre mundial de 2020, muchas personas entraron en pánico e inmediatamente asumieron que sus negocios sufrirían o fracasarían. Yo aproveché la oportunidad para llevar a mi equipo completamente a la virtualidad y enseñarles cómo *prosperar* en un entorno como Zoom en lugar de simplemente sobrevivir.

Deberías reinventarte a ti mismo a diario. Esto es especialmente cierto durante una crisis.

Ahora, debo que admitir que, al día de hoy, aun despierto todas las mañanas con algo de ansiedad. Es difícil para mí ego admitir eso porque sé que esa ansiedad y ese miedo se deben a un *enfoque hacia el futuro*. Pero también soy consciente de esto: sé que para cuando haya bebido la mitad de mi taza de café y vaya a la mitad de mi lectura diaria, me sentiré inspirado y motivado.

Solía sentir frustración por mi diálogo interno negativo, pero ahora éste me empodera. Convertí mi frustración en una forma de empoderarme para comprender que quiero mejorar.

Te lo digo yo, la persona más extraordinaria de este mundo para sobre analizar las cosas: terminarás paralizado si piensas acerca de algo durante demasiado tiempo. Pensar demasiado es el enemigo del progreso. Necesitas menos lloriqueo y más acción. La acción más grande que realizo todos los días es leer durante una hora. (En el próximo capítulo, verás cómo hago de eso una parte de mi vida diaria).

Una de las razones por las que las personas dudan retomar el curso es porque su programación hacia el fracaso les ha enseñado a creer que, en últimas instancias, no tienen lo que se necesita. Escucho a la gente decir cosas como: "¿Ves? Yo sabía que no iba a funcionar".

Sacudo la cabeza cuando escucho esto. ¡La razón por la que no funcionó es que no pensaste que funcionaría! Te auto saboteaste. Este tipo de afirmaciones se convierten en profecías que tu mismo cumplirás en el momento que las dices.

Piensa en cuando estabas aprendiendo a andar en bicicleta. Digamos que te caíste durante el proceso y te lastimaste la rodilla. Si eres como la mayoría de los niños, esa bicicleta empezó a generar algo de miedo y la idea de volver a montarla dejó de ser muy atractiva.

Si tus padres fueron inteligentes, te dejaron procesar ese dolor y, poco después, te dijeron: "Sube a la bicicleta de nuevo. Ahora, mientras aun le temes".

No querías hacerlo y es posible que incluso te hayas enojado con tus padres por sugerirlo. Pero tus padres te volvieron a instar: "Tienes miedo, así que el momento es ahora. Muéstrale a la bicicleta quién manda. La única forma de lograrlo es conquistar tu miedo".

Al final, volviste a subir y, al día siguiente, estabas dando vueltas como si nunca hubieses caído.

Esos son las cosas que olvidamos cuando somos adultos, pero esos mismos principios aplican. Me parece una locura como les decimos a nuestros hijos todos los días que vuelvan a intentar una y otra vez, que superen el dolor y perseveren, pero, como adultos, nunca volvemos a subir a la bicicleta.

Nos quedamos estáticos sangrando y admitimos la derrota.

> **Cuando te caes de la bicicleta, tienes que volver a subir y seguir pedaleando.**

Si has leído otros libros sobre éxito, sabrás todo acerca de los muchos fracasos de grandes hombres como Michael Jordan, Abraham Lincoln, Martin Luther King Jr. y muchos otros. Hagas lo que hagas, no olvides que no eres la única víctima del fracaso. Lo siento, pero no eres tan especial. Todos fallamos, todos los días.

Si habrás de seguir creciendo, el fracaso es inevitable. Aprende a sentirte cómodo con sentirse incómodo por el fracaso.

Cuando Steve Jobs estaba vivo y actuaba como el líder visionario de Apple, su ritmo de desarrollo de productos era alucinante. Lo que comenzó con una computadora voluminosa y ese gordo rectángulo que llamamos iPod, se convirtió rápidamente en productos revolucionarios que cautivaron al mundo. Sus productos lograron filas de personas extasiadas que daban la vuelta alrededor de las tiendas de tecnología a la espera su lanzamiento.

¿Quién se emociona ahora con un nuevo iPhone? ¿Qué va a tener, otro lente en la cámara? Que aburrido.

Lo que Apple ha hecho desde la muerte de Steve Jobs es trivial en comparación. Son los mismos productos básicos. Su tecnología ahora, en esencia, se ve igual, pero nunca tuvo el mismo aspecto cuando Jobs vivía.

Para mí, eso es un gran fracaso. No ha habido una verdadera evolución ni una gran chispa creativa. La gente de Apple ha entrado en una zona de confort con sus productos. Predigo que algún soñador creativo vendrá y los dejará de lado con algo revolucionario más temprano que tarde. No se puede quitar el pie del acelerador y permanecer en la cima. Simplemente no se puede.

Cuando se trata de tu vida, por supuesto, no hay productos nuevos que puedas agregar a tu línea. Es por eso que la forma de hacer cambios radicales en tu Psiquis del Éxito es en realidad contradictoria.

> **Una transformación radical se logra haciendo pequeños cambios, día tras día tras día.**

Si crees que los detalles menores no importan, deberías leer *El Efecto Compuesto* de Darren Hardy. Los cambios radicales y los acontecimientos importantes de la vida son los más fáciles de detectar. Sin embargo, son las acciones diarias "intrascendentes" y la mentalidad "trivial" las que marcan la mayor diferencia en este mundo respecto a tus resultados y tu legado. Cada día, puedes acabar poco a poco con tu matrimonio, tu salud, tu negocio, cualquier cosa que signifique algo para tu vida.

Comprométete a volverte hiper-consciente de las pequeñas cosas que haces y que te autosaboteas. Luego, todos los días, comprométete a hacer algo que te lleve hacia alguno de tus objetivos, incluso si solo te acerca un 1% (No hemos hablado sobre los mitos y conceptos erróneos que andan circulando acerca de las metas, así que prepárate para eso más adelante).

Habrá momentos en los que te sentirás cansado y es ahí cuando tendrás que esforzarte más. Cualquiera puede actuar cuando el camino es fácil.

El cansancio es una mentalidad negativa y una excusa. *Estar cansado* es algo que dices cuando no quieres actuar. Tienes que obsesionarte con alimentar tu mente con pensamientos positivos. Como lo entenderás en el próximo capítulo, por eso es que no leo libros de ficción. Cuando me tomo mi valioso tiempo para leer, elijo algo que me mejorará de una manera tangible. Te convertirás en lo que sea que alimente tu mente.

Eres lo que comes y también eres lo que piensas.

Si cada mañana te dices a ti mismo que estás cansado, te garantizo que lo estarás todos los días, sin importar cuánto duermas. La Psiquis del Éxito requiere que actúes cuando el camino es difícil o incluso después de que te hayas caído a mitad del recorrido. Debes estar dispuesto a ser flexible, dar giros, cambiar y seguir cambiando.

Justo cuando creo que tengo resuelta mi rutina matutina (más sobre eso más adelante), mis hijas me recuerdan que cuando el camino se ve fácil, no lo estará por mucho tiempo. Solía organizar mi horario con base en la hora a la que mi hija mayor se levantaba. Luego empezó a levantarse más temprano, así que tuve que cambiar.

Luego tuvimos una segunda hija.

Luego miro diez, veinte o treinta años a futuro y veo que estos ajustes serán necesarios hasta el día de mi muerte. Nada es seguro excepto el hecho de que todo cambia.

Cambia con los cambios o sal del camino y vive arrepentido.

LAS VÍCTIMAS LO ARRUINAN TODO

El matrimonio es una de esas áreas de la vida en las que veo mucho dolor y arrepentimiento. Es también un tema que discuto muy a menudo (incluso en el mundo de los negocios) con otros porque hay muchas relaciones quebrantadas y mucho dolor.

La razón es que el matrimonio es una de las cosas más desafiantes que una persona puede hacer bien. Amo a mi esposa y ella sabe lo que siento. El matrimonio es difícil porque pasas de ser soltero y tener un gran ego con el que debes lidiar a de repente tener dos. Agrega los hijos a la mezcla y todo se complica más.

Los seres humanos están programados para ser egocéntricos. Entonces, para que un matrimonio funcione, tenemos que obligarnos a hacer a un lado nuestro ego y considerar las necesidades del otro.

Conozco pocas personas que son verdaderamente felices en su matrimonio. Honestamente, la mayoría viven bastante amargados, lo cual es triste. Una de las principales razones es que hay personas que tienen la terrible costumbre a crear una tormenta en un vaso de agua. Veo como esto sucede en los matrimonios todo el tiempo, así como también en la vida empresarial.

Cuando sentimos que nos han hecho algo malo (con o sin intención), nos hacemos las víctimas. Ese es el verdadero enemigo mortal porque conduce a la temida palabra con r: *resentimiento*. No te equivoques: hacerse la víctima destruye matrimonios y negocios; devasta vidas, así de simple.

> **Las víctimas se dejan caer y mueren, mientras que las personas con la Psiquis del Éxito se ponen de pie y actúan.**

El matrimonio es un excelente recordatorio de lo importante que es encontrar tú *por qué*. Si no utilizas tú *por qué* como la brújula de tu matrimonio, éste estará condenado al fracaso. ¿Se aman lo suficiente como para analizarse a fondo, buscar que es lo que no funciona y arreglarlo? ¿Se aman lo suficiente como para hacer a un lado sus egos y dejar de proyectar e inventar historias acerca de cómo la otra persona puede o no estar sintiéndose?

Si puedes ver el matrimonio de esta manera, creo que será aún más fácil hacerlo en tu negocio.

Tu propósito en la vida, en el matrimonio, en los negocios, como padre... Si es auténtico y genuino, ese propósito debería poder encender una llama en ti y convertirse en la fuente que te alimenta, incluso cuando tu diálogo interno tóxico te hace desfallecer.

Es curioso como tu diálogo interno contradice tú *por qué* y tu propósito. Es por eso que debes tomar el control de tu psiquis cuando dice te mentiras dañinas como: *Estás destinado al fracaso, así que ¿por qué intentarlo?*

Una forma de vivir en búsqueda de tu *por qué* y lograr ignorar el diálogo interno es ser intencional con respecto a tus objetivos. Presentaré el concepto aquí, pero ten la seguridad de que lo volverás a ver más adelante. Es demasiado importante para pasarlo por alto.

Aquí está la esencia: si estas viviendo tú por qué, debes contarle a *todos* lo que estás haciendo y lo que planeas hacer. Es decir, debes involucrar a tantas personas como sea posible para que te responsabilicen por tus acciones. Incluso si crees en ti mismo, nunca desarrollarás la Psiquis del Éxito que necesitas para lograr tu legado, si ocultas esa creencia en tu interior.

> **La responsabilidad es el ingrediente mágico, pero también es el que la mayoría de la gente pasa por alto.**

Hablaré sobre la responsabilidad más detalladamente más adelante, así que prepárate.

Mucha gente te dirá que no vale la pena luchar por tus objetivos. Mucha gente te dirá que no es posible. No los escuches. Ellos no han encontrado la fuerza para luchar por lo que es posible y quieren que otros los acompañen en su "campamento de arrepentimiento".

No te dejes llevar al campamento del arrepentimiento. Es un lugar triste.

Estas personas tratarán de convencerte de que no vale la pena el sacrificio, lo que no saben es que cuando una meta está genuinamente arraigada en un *por qué*, los "sacrificios" no se sienten como tal.

En caso de que aún no te hayas dado cuenta, el éxito no es un lugar finito o un punto en un mapa. Es una mentalidad. Es una psiquis. Es un estado mental. Es lo que te permite dejar atrás el diálogo interno, los fracasos, los detractores y los contratiempos y concentrarte en el momento presente... y luego en el momento siguiente... y luego en el siguiente. Recuerda, el momento presente es todo con lo que tienes con que trabajar. Entonces, cuando la gente te diga que no podrás lograr algo, puedes responder de dos maneras:

1. Puedes creerles.
2. Puedes usarlo como combustible.

Cada vez que alguien me dice que no puedo, me imagino un camión de combustible para aviones acercándose a mí y bombeando más combustible directamente a mi Psiquis del Éxito. Estas personas sirven un propósito en mi vida (proporcionarme combustible). Aun así, vale la pena señalar que si te rodean personas que usan las palabras "eso es imposible", te estás rodeando de las personas incorrectas.

Nunca permitas que otro ser humano te ponga un límite.

También vale la pena señalar que el umbral de sacrificio de otras personas será diferente al tuyo. Sin importar cuantos sacrificios estés dispuesto a hacer, no olvides tú por qué.

¿Por qué estás dispuesto a hacer esos sacrificios?

¿Tu familia conoce esas razones?

Si tu cónyuge se molesta por tus largas horas de trabajo, discutan tú *por qué* como familia. ¡Consigue que se unan!

Si el equilibrio entre el trabajo y la vida personal es un tema vital para ti, es posible que nunca llegues a ser la clase de Elon Musk que duerme en la fábrica para que el nuevo Tesla salga al mercado a tiempo. Eso está más que bien. No necesitamos un mundo lleno de Elon Musks. Necesitamos más personas auténticas que persigan sus propios copos de nieve de éxito con base en sus singulares *por qués.*

Alguna vez escuché a alguien decir que siempre hay alguien que desearía ser tú. No importa en que parte de tu camino te encuentres, te aseguro que hay alguien que te envidia. No lo olvides, especialmente cuando te sientas tentado a empezar a vivir en el pasado (donde reside el arrepentimiento) o en el futuro (donde reside el miedo). Vive, trabaja y existe en el presente.

TOMATE EL TIEMPO PARA PARARTE EN LA ARENA

Cuando encuentras tú *por qué*, la excusa de que "el tiempo no alcanza" desaparece. Es como un hermoso borrador mágico.

Todos tenemos las mismas 24 horas al día y siendo honestos, hay mucho tiempo desperdiciado en nuestros horarios. ¿Qué hay de todo ese tiempo navegando por las redes sociales y viendo televisión? Desperdicio. Ahora bien, no es un desperdicio si ya tienes suficiente tiempo en tu día para avanzar hacia tus metas y dedicar tiempo a otras prioridades (familia, salud, etc.).

Sin embargo, si consideras que no puedes sacar más tiempo porque te quitaría tiempo con tu familia, intenta hacer a un lado las redes sociales y pasar ese tiempo con tus hijos. Seguro que así tendrás el mismo tiempo para trabajar y también habrás creado recuerdos para toda la vida en el proceso.

> **Sal del "canal de alimentación de los perdedores" que son las redes sociales y recupera el control sobre tu tiempo.**

¿Se necesita disciplina? Por supuesto. Una vez más, ahí es donde entra a jugar *tú por qué*. No lo lograrás a menos que hayas comenzado con el *por qué*.

Es fácil reconocer a quienes han encontrado su *por qué*. Trabajan más duro que los demás; rara vez son los más inteligentes, pero pueden llenar un recinto con su entusiasmo y determinación.

Encuentra tú *por qué* y casi instintivamente desarrollarás la actitud para hacer lo que sea necesario. Cuando caigo, hago lo que sea necesario para aprender de esa caída y mejorar. Me abstraigo de mí mismo y de esa caída para darme cuenta de que nada de lo que siento es permanente. Abstraerme del momento y mirar objetivamente el fracaso me ayuda a avanzar más rápidamente.

Lo hermoso de un camino difícil hacia el éxito es que hace que disfrutes más de cada victoria. Los frutos que tienes a la mano jamás serán tan buenos como aquellos que están fuera de tu alcance.

Debes pensar en cuál quieres que sea tu legado, porque ¿adivina? ¡Tú *por qué* es tu legado! Ese tipo de mentalidad y el entusiasmo que la acompaña compensarán cualquier deficiencia.

¿No tienes la formación o la educación adecuadas? Cuando te concentras en tu *por qué*, encuentras la manera. ¿No tienes la solución o los medios? Cuando te concentras en tu *por qué*, encuentras la manera.

Nunca olvides que la duda es el peor enemigo de la determinación. Las personas que nos rodean pueden ser una gran fuente de duda, pero la mayoría de veces proviene de adentro. No puedes tener dudas y determinación al mismo tiempo, lo que significa que es hora de tomar una decisión: ¿Qué vas a hacer?

¿Vas a permitir que los críticos te detengan en seco? ¿Qué hay de tu diálogo interno? ¿Qué hay de tu falta de educación? ¿Una dolencia física? ¿Tu estatura? ¿Dónde naciste?

Todas son lo mismo: justificaciones que la gente tiene para aceptar el fracaso permanente (por ejemplo, dejar de fumar) cuando no tiene una Psiquis del Éxito.

Cuando somos niños, queremos ser médicos, inventores y astronautas. Luego, un buen día, un adulto te dice que muy pocos astronautas llegan al espacio y que la mayoría simplemente se sienta detrás de una computadora; a partir de ese momento, el sueño muere lentamente.

Detén esa insensatez. Elimina la palabra *imposible* de tu vocabulario. Decide definir tu *por qué*, al hacerlo descubrirás lo que puede y debe ser tu legado. Luego mueve cielo y tierra para hacerlo posible. Conviértete en alguien que fracasa y también triunfa atreviéndose a mucho. Si nunca has leído este extracto del famoso discurso, "El Hombre en la Arena", del presidente Teddy Roosevelt, de verdad debes hacerlo:

> *No es el crítico quien cuenta; ni aquél que señala cómo el hombre fuerte se tambalea, o dónde el autor de los hechos podría haberlo hecho mejor. El reconocimiento pertenece al hombre que está en la arena, con el rostro desfigurado por el polvo y el sudor y la sangre; quien se esfuerza valientemente; quien erra, quien da un traspié tras otro, pues no hay esfuerzo sin error ni fallo; pero quien realmente se empeña en lograr su cometido; quien conoce grandes entusiasmos, las*

grandes devociones; quien se consagra a una causa digna; quien en el mejor de los casos encuentra al final el triunfo inherente al logro grandioso, y quien en el peor de los casos, si fracasa, al menos fracasa atreviéndose en grande, de manera que su lugar jamás estará entre aquellas almas frías y tímidas que no conocen ni la victoria ni la derrota.

¿Quién está peleando tus batallas por ti en la arena? ¿Quién está contigo en el campo de batalla? ¿Tus padres? ¿Tu profesor de álgebra de la escuela o tu antiguo entrenador de béisbol? ¿Tu jefe? ¿Tu cónyuge? ¿Tu mejor amigo?

Ninguno de ellos está librando tus batallas. Eres tú. Tú eres el que está en la arena. Por lo tanto, sigue tomando medidas en grande y hazlo todo con un enfoque que se base en el *por qué.*

PIENSA POR LA MAÑANA. ACTÚA A MEDIODIA. COME AL ANOCHECER. DUERME POR LA NOCHE.

WILLIAM BLAKE

CINCO

PROGRAMA EL ÉXITO O VIVE ARREPENTIDO

Detesto levantarme temprano.

De verdad lo detesto. Sí, sé que es una palabra fuerte. Pero lo digo en serio.

No diría que soy una persona madrugadora y nunca lo he sido. Fácilmente podía dormir hasta las 10 am todos los días sin pensarlo dos veces. Amo mi cama, amo dormir junto a mi esposa y amo mi almohada.

¿Pero sabes algo? Aun así, lo hago. Me levanto al amanecer cada mañana. Las razones por las que lo hago no son nada del otro mundo y las explicaré en este capítulo.

Me he sentado en muchos paneles y con frecuencia escucho esta pregunta: "¿Cómo es tu mañana?" He escuchado a otros panelistas responder a esta pregunta y aunque dicen muchas cosas con las que estoy de acuerdo, lo que suelo escuchar son generalidades. Dicen cosas como:

- Medito para empezar el día.
- Hago ejercicio en la mañana.
- Me levanto temprano y leo.

Yo también hago todas estas cosas. Pero si no estuviese familiarizado con todo esto y no estuviese seguro de por dónde empezar, esas generalidades, honestamente, no resultan muy útiles. En este capítulo, desglosaré los detalles de mi rutina matutina. No lo hago para que puedas copiarla (aunque puedes hacerlo si lo deseas), sino para que puedas ver cómo trazo mi día y el *por qué* detrás de ello.

El ejercito fue el primero en enseñarme la importancia de los sistemas. La cantidad de sistemas y procesos que se han implementado y que hacen del ejército de EE.UU. una máquina bien calibrada es impresionante. Te inculcan disciplina desde el principio y yo prosperé con esa disciplina.

Muy temprano en mi vida de civil, me di cuenta de que necesitaba sistemas y procesos en mis rutinas diarias para crear buenos hábitos. Creo que un hábito es en realidad un sistema que hace que tu vida sea mejor, más cómoda, más productiva o que trae alguna otra recompensa deseable.

Tenía la necesidad de crear un sistema que me preparara para el día y para el éxito al día siguiente. El proceso para crear el sistema fue principalmente de ensayo y error, como lo verás en este capítulo. Intenté varias cosas para averiguar qué me funcionaba y qué no. Finalmente encontré algunos elementos que realmente me gustaron, así que los adopté y continué agregando partes nuevas al proceso desde allí.

Lo irónico de una rutina matutina bien elaborada es que, si bien parece egoísta, los hábitos que he incorporado no solo acentúan mi vida, sino también la vida de todas las personas en las que influyo.

No me apego a un horario solamente para "mejorarme a mí mismo". Si lo estuviera haciendo solo para mí, carecería de sinceridad y se sentiría vacío. También me resultaría casi imposible mantener mi rutina los siete días de la semana.

La parte irónica es que parece que solo me estuviese enfocando en mí mismo. Pero cuando me concentro en mí mismo, puedo ser un mejor esposo, un mejor padre, un mejor coach/mentor y un mejor amigo porque me encuentro en el estado de ánimo adecuado. Tengo la Psiquis del Éxito adecuada para impactar positivamente la vida de otras personas.

Si vas a hacer algo tan monumental como cambiar por completo el inicio de tu día, necesitarás una guía para poder comenzar en lugar de un consejo general.

Es importante por esto: La manera como inicias y terminas tu día determina cómo será lo que hay en medio. Punto.

Así que empecemos.

5:30 a.m.
Levántate con el Diálogo Interno

Como lo mencioné al principio de este capítulo, nunca me he considerado una persona madrugadora. No soy una de esas personas que, al despertar, saltan de la cama con afirmaciones positivas en la punta de la lengua.

Sería genial si lo fuera, pero no lo soy.

Sin embargo, lo que sí puedo hacer es convencerme cada mañana de que, aunque me sienta cansado, en *realidad* no lo estoy. Estoy completamente descansado y listo para el viaje. Me acosté a la hora adecuada y, por eso, mi cuerpo está recargado, ha descansado lo necesario para levantarse y tener un día productivo. La razón por la que puedo hacerlo es que descubrí el secreto:

> **Solamente estoy tan cansado como yo mismo crea que lo estoy.**

Cuando me despierto, me siento cálido y cómodo, ¿quién querría poner sus pies en el piso frío en el silencio de la noche cuando se puede apagar la alarma? Ahí es cuando entra a jugar el diálogo interno. Comienzo a hablar conmigo mismo en diferentes términos. En primer lugar, cuando mi subconsciente me dice que estoy demasiado cansado y necesito dormir más, sostengo una conversación interna y digo, a veces en voz alta y otras en mi mente: "No, no estoy cansado".

Luego, me recuerdo a mí mismo lo bien que me sentiré una vez me levante. Para mí, la parte más difícil de pararme de la cama (y me imagino que para muchas otras personas) es el acto inicial de realmente tener que salir de las cálidas sábanas y enfrentar la frialdad y crueldad del mundo. No importa cuánto duermas, entre estar completamente dormido y completamente consciente, siempre hay momentos que hacen que te preguntes si solo estás aturdido o si en realidad necesitas dormir más.

La tercera conversación que tengo conmigo mismo es sobre la alternativa. Me recuerdo a mí mismo que seré infeliz si no me levanto. El sacrificio de levantarme se hace entonces menos intenso que el dolor de arrepentirme de *no* haberlo hecho. Lo sé porque lo he experimentado. En esas mañanas del pasado que solía dormir hasta tarde, solía tener la molesta sensación de que iba a estar retrasado todo el día cuando finalmente me levantara.

Esa es la esencia de la conversación que tengo conmigo mismo cuando suena la alarma. La mayoría de los días, este paso no representa más de unos segundos o quizás hasta un minuto. Demórate un poco más y puede que vuelvas a quedarte dormido. No dejes que el botón de apagado te robe tu éxito.

5:40 a.m.
Revístete de actitud

Luego de llegar a la oficina, comienza mi parte favorita de mi rutina matutina (además de jugar con mis hijas), es decir, mi tiempo de meditación.

Cada vez que escucho sobre algo nuevo, lucho contra mi instinto inicial de descartarlo. A la mayoría de la gente le cuesta lo nuevo y admito que soy una de ellas. Sin embargo, abrirte a cosas que no tienen sentido para ti, trae consigo una hermosa vulnerabilidad.

La primera vez que escuché sobre la meditación, no entendía cómo o por qué podría funcionar. Fui escéptico, pero, al mismo tiempo, también me intrigaban los diferentes resultados que se decía que traía. Leí un poco al respecto y decidí dar el paso de hacer un curso completo para aprender a meditar de manera tal que tuviese un impacto significativo. Gracias a ese curso, puedo decir que los veinte minutos que paso todas las mañanas meditando son transformadores y han cambiado mi vida.

Mi pasado no es especial ni único. Simplemente he tomado decisiones que me permiten estar a la altura del entorno dadas mis circunstancias, así como todos tienen la oportunidad de hacerlo. La meditación me permite abstraerme de mí mismo y de mi ego y aclarar mis pensamientos.

> **Me permite comenzar mi día, no de manera egoísta, sino con franqueza y vulnerabilidad.**

No todo el mundo tiene ganas de meditar. Si eres creyente, la oración puede proporcionar resultados similares. A mi esposa nunca le ha gustado meditar, pero ora todas las mañanas. Sin embargo, sé que está encantada con los efectos que la meditación ha traído a mi vida y, por lo tanto, me anima a continuar.

Este libro no pretende ser un instructivo sobre cómo meditar, así que te dejaré que lo investigues por ti mismo para que encuentres el tipo de oración o meditación que funcione mejor para ti. El tipo o estilo importa menos que tu compromiso de hacerlo.

6 a.m.
Café y planeación

Después de terminar de meditar, espero con ansias tomar mi café. Recientemente eliminé el azúcar de mi dieta, siendo la parte más difícil de ello prescindir de la decadente porción de crema batida que solía poner en mi café. *Si no has probado el café con crema batida, inténtalo.* Sin crema batida, la vida no es tan divertida. Afortunadamente, descubrí la crema batida sin azúcar, así que ahora mi rutina matutina, una vez más, está completa.

Después de preparar el café, me dispongo a un estado mental que me lleva a mapear mis responsabilidades. Meditar me prepara para responder nueve preguntas clave. Antes de que preguntes: Sí, respondo estas mismas preguntas todas las mañanas, los 365 días del año.

Y te recomiendo que hagas lo mismo.

Puedes encontrar estas preguntas al final del libro. Así que, siéntete libre de copiar las páginas del final o de crear tu propia plantilla para responder esta clase de preguntas que te inspiren, te ayuden a concentrarte en tu por qué y te lleven al estado mental correcto al comenzar tu día.

1. ¿Qué hice ayer para mejorar un 1%?

¿Qué acciones tomé ayer para mejorar, aunque fuese en un pequeño porcentaje? ¿Leí algo que realmente me llegó y afectó la forma en que interactué con alguien? ¿Hubo un video de capacitación que me ayudó a ser más productivo? Una gran parte de mi mañana consiste en evaluar el día anterior.

2. Pienso en tres personas por las que estoy agradecido y me pregunto si se los dije.

Una cosa es escribir "estoy agradecido por esta persona". Pero, ¿les dije que estoy agradecido por ellos y por qué? Si estás interesado en desarrollar relaciones más significativas, no solo pienses en que estas agradecido. ¡Dilo!

3. ¿De qué estoy agradecido?

Podría ser tu familia, tu salud o tu mente. No hay límite. Tómate un momento para sentir esa gratitud.

4. ¿Cuáles son las dos metas en las que voy a trabajar hoy?

¿Cuáles son las dos acciones que voy a tomar hoy para acercarme a una o más de mis metas trimestrales? (Encontrarás más información sobre las metas trimestrales en el próximo capítulo). Demuestra tu compromiso con estas cosas y ponlas en tu calendario.

5. ¿Qué metas logré ayer?

Ayer me comprometí con al menos dos cosas y las anoté en mi calendario. Luego llega la hora de responder la gran pregunta: ¿Logré lo que me propuse?

6. ¿Qué me hizo sonreír ayer?

Me encanta ser intencional con encontrar alegría en la vida. Cuando se trata de sonreír, nada me hace sonreír más que mis niñas. Doy un paso de más y escribo un recuerdo que me haya hecho sonreír. Puede ser algo pequeño, pero escríbelo y te encontrarás sonriendo otra vez. Ese es el tipo de energía que querrás contigo al día siguiente.

7. ¿Qué de nuevo aprendí ayer?

Esta pregunta me hace pensar en lo que me dejó el día anterior y cómo puedo seguir aplicándolo al momento presente. Si no puedes pensar en algo que hayas aprendido el día anterior, es un aspecto que debes cambiar.

8. ¿Qué podría haber hecho de ayer un día mejor?

¿Qué podría haber hecho yo para que ayer hubiese sido un día mejor de lo que fue? Incluso los días grandiosos pueden ser mejores.

A veces, el día se te escapa. Esta pregunta me recuerda que debo reducir la velocidad y buscar la alegría en los pequeños momentos.

9. ¿Qué di ayer?

Además de a mí mismo, ¿a quién o a qué le aporté algo? Puede ser a tu cónyuge, tus hijos o una persona sin hogar. Todos los días, haz pequeñas acciones que marquen grandes diferencias en la vida de los demás. Mi peluquero hace visitas a domicilio y un día durante la pandemia le di 100 dólares de propina. ¿Ese dinero le cambió la vida? Probablemente no. Pero casi puedo garantizar que le hizo sentirse apreciado (que era mi objetivo). Siempre busco formas de dar porque ello empodera y anima a los demás.

Utilizo una aplicación para anotar todo esto en mi iPad. Eso sí, ten cuidado con la tecnología. Por regla general, no miro mi teléfono antes de las 8 A.M. Leer un correo electrónico o ver una publicación negativa en las redes sociales, puede descarrilar completamente tu estado mental.

No me importa si lo siento vibrar, no me importa si alguien me llama. Quienes me conocen saben que, si tienen una emergencia antes de las 8 am, es mejor que llamen al 911 porque yo no soy ambulancia, no soy oficial de policía y tampoco el departamento de bomberos. Mi tiempo es mi tiempo y mi horario está bajo mi control.

6:15 a.m.
Tiempo de Leer

Me regalo hasta una hora para leer todas las mañanas. Eso se traduce en unas cuarenta y cinco páginas al día. A veces, busco variedad y leo quince páginas de tres libros diferentes, dos de los cuales pueden ser de negocios y otro una autobiografía o biografía. Prefiero no leer ficción.

Si leo un libro de ficción, lo hago en la noche durante mi tiempo de descanso. Sin embargo, la mayoría de las veces, si he de permitirme algo de ficción, veo un programa de televisión o una película.

Siempre tomo notas. Si mientras hago ejercicio o si mientras conduzco escucho algo inspirador en un podcast, me detengo y hago una nota de voz para implementarlo en mi día. He denominado mi auto como mi universidad sobre ruedas porque me encanta escuchar podcasts mientras conduzco.

Me encanta cada que puedo darle a mi cerebro algo que podría mejorarme de alguna manera. Incluso disfruto leyendo el mismo libro dos veces y descubriendo conclusiones completamente diferentes al mirar las notas que tomé en cada ocasión.

Todo depende del momento de tu vida en que te encuentres y de las batallas que estés librando en ese momento. Tal vez haya una pandemia mundial, tal vez tu esposa esté embarazada, tal vez tu trabajo es inestable o tal vez te estas recuperando de un accidente. Esas experiencias de vida darán color a lo que extraigas de tu lectura y tus notas lo reflejarán.

Siempre busco conclusiones para implementar. Una particularidad que tiene la lectura es que te hace sentir como si estuvieras teniendo una conversación de tu a tu con el autor. Estás ahí con el autor, solos en una mesa, discutiendo grandes ideas y sugerencias. Si el autor te señala algo que podrías estar o no haciendo, es más probable que te sientas culpable por ello y te comprometas a hacer un cambio.

El ego no existe cuando lees algo y lo procesas en la privacidad de tu mente.

Es difícil hacer que la gente lea todos los días. Por lo tanto, si eres nuevo en esto, no te presiones y más bien ponte el objetivo de leer una pequeña cantidad de páginas que irá aumentando con el tiempo. Le digo a mi equipo que lea al menos quince páginas al día, cinco días a la semana. Ello debería tomar alrededor de veinte minutos, aproximadamente treinta si lees muy despacio. Este es un objetivo alcanzable para la mayoría de los lectores.

Piénsalo ... ¡sin darte cuenta, habrás leído 75 páginas en una semana y 300 páginas en un mes!

La lectura es esencial y debes encontrar el tiempo para ella, ya sea por la mañana o por la noche.

7:15 a.m.
Muévelo

Mi entrenamiento diario es de una hora. Un día monto mi bicicleta estática y otro camino 4 kilómetros. También levanto pesas cinco días a la semana. Si te soy honesto, no es que me encante hacer ejercicio.

> **Mas sí me encanta el resultado y sé lo importante que es mantenerme activo para tener energía y para mi salud en general.**

Por tanto, saco el tiempo.

Durante esa hora escucho podcasts. Solía escuchar música, pero ahora veo esa hora como una oportunidad para aprender de otras personas. Escucho podcasts en lugar de audiolibros porque me resulta más fácil escuchar una conversación mientras hago ejercicio que concentrarme en un libro.

Algunas personas son capaces de digerir audiolibros. En mi caso, me di cuenta de que solía retroceder mientras me ejercitaba porque no prestaba atención a los puntos importantes. Prefiero los podcasts sobre negocios y bienes raíces por encima de cualquier otro que se pudiera considerar más "entretenido". Una hora es mucho tiempo y no la voy a desperdiciar.

8:15 a.m.
Programa Todo

Hablando de horarios, después de meditar, organizar, leer y hacer ejercicio, mi calendario es la última gran pieza del rompecabezas y aquel elemento que da forma a todo lo demás. Programo cada aspecto de mi día en mi calendario. Lo escribo todo: Desde tomar mis vitaminas hasta a mi tiempo para meditar. Después, miro mi calendario y lo gestiono dos veces al día. Lo gestiono por la mañana porque podría cambiar en función del objetivo que tenga ese día o de lo que haya aprendido; luego, al final de la jornada laboral, organizo mi día siguiente.

Programar mi día hace que todas mis reuniones acaben cuando deben porque siempre tengo algo más que hacer en mi calendario. Esto es clave porque la integridad es de vital importancia para mí. Como no miento, no puedo decir: "Tengo que irme porque tengo otra cita programada", a menos que en realidad así sea.

Los fines de semana también están programados. Los sábados y los domingos me levanto y me apego a mi rutina matutina porque considero que un descanso de dos días a la mitad de un sistema exitoso acaba con su impulso. Me despierto alrededor de una hora más tarde, pero los pasos siguen siendo los mismos.

8:30 a.m.
Creación de recuerdos

Después de confirmar mi calendario y hacer ajustes en mi horario, me preparo para el día. Suelo darme una ducha rápida para asegurarme de tener suficiente tiempo para dedicarle a mis hijas antes de empezar a trabajar. Esta es una parte breve pero crítica de mi día.

Intencionalmente organizo mi calendario de último antes de pasar tiempo con mi familia porque no quiero estar preguntándome qué sucederá a continuación y si tengo tiempo para estar viendo *Frozen* con mis niñas.

Me gusta estar completamente presente cuando estoy con mi esposa y mis hijas porque he aprendido que quince minutos de dedicación total son mucho mejor que una hora con distracciones. No quiero pensar ni preguntarme por lo que habrá de pasar en el día porque no estaría presente para mi familia.

3:30 p.m.
Hora de un receso

Como probablemente te imaginas, estoy ocupado desde las 9 a.m. hasta el final del día. Administro una empresa multifacética que opera en varios estados, que tiene muchas partes en funcionamiento al mismo tiempo, algo no apto para los débiles de mente.

Incluso con mi ritmo, hay algo que hago a la mitad de mi día y que recomiendo mucho. Me detengo y medito una vez más durante veinte minutos (orar o incluso una siesta también funciona). Lo fundamental aquí es detener el frenesí por unos momentos y encontrar un poco de paz y tranquilad para volver a concentrarse en lo importante y recordar aquella meta que te fijaste para el día, así como las cosas por las que estás agradecido.

Durante la pandemia, meditar en la tarde me ayudó a mantener los pies en la tierra y a ser racional en medio de todo el estrés, miedo y preocupación que me llegaban a través de conversaciones y los medios de comunicación.

Es posible que debas ajustar este tiempo de meditación según cuándo comience y finalice tu jornada laboral. En mi caso, las 3:30 p.m. está bien porque trabajo hasta las 7 p.m. También sé que después de mi descanso de la tarde, voy a hacer en tres horas de trabajo lo que haría en ocho porque estaré completamente centrado en mi objetivo.

Mi meditación de la tarde es prácticamente igual a mi sesión de la mañana y no importa si no estoy en casa o en la oficina. Dondequiera que esté, paro y me desconecto durante veinte minutos. Apago la luz, si es posible, y me pongo mis Air Pods que anulan el ruido.

7 p.m.
A casa y a relajarse

Al final de mi día, estoy listo para relajarme y ver las caras sonrientes de mi familia. Salgo de la oficina a las 7 p.m. y llego a casa a las 7:30 p.m.

Trabajo con mi hija mayor, Luna, en sus deberes escolares. Mi esposa les enseña español a las niñas, así que yo llego a casa a enseñarles inglés. Luego las baño y me hacemos nuestra rutina nocturna. Mi esposa bromea diciendo que seguiré meciendo a mis hijas a la hora de dormir aun cuando tengan 16 y puede que tenga razón porque es algo que no cambiaría por nada del mundo.

Además, tampoco miro mi teléfono después de las 7:30 pm porque es el momento de mi familia y tampoco quiero llenar mi cabeza de tonterías inútiles antes de irme a dormir.

Por la noche, generalmente leo libros más espirituales o inspiradores. Realmente disfruto libros como *Éxito: una guía extraordinaria y El vendedor más grande del mundo.* Leo cualquier cosa que me haga reflexionar sobre la vida y lo que nos motiva.

La noche también es un buen momento para leer en lugar de ver televisión. Prefiero no ver televisión para no llenarme la cabeza de imágenes de violencia o miedo. Todos somos diferentes, pero no me gusta y tengo mis razones, una de las cuales es que la luz azul afecta negativamente el sueño y dormir es el aspecto más importante de todos mis días.

EL ÉXITO ES UN COPO DE NIEVE

Llevo más de cuatro años apegado a este horario. Ahora bien, es cierto que tuve un gran éxito en los negocios antes de empezar a hacer esto todos los días. Entonces, ¿qué cambió? He dirigido un negocio lucrativo en comparación con la mayoría de las personas, pero me di cuenta de que debo dejar de compararme con "la mayoría de las personas" y establecer un nuevo estándar.

Nos quedamos atrapados en las comparaciones, algo que las redes sociales han empeorado en gran medida. Vemos el éxito de otra persona y lo comparamos con el nuestro, o tal vez vemos a nuestros amigos y pensamos, *"estoy mejor que ellos", así que voy bien.* Si ese es el caso, es probable que necesites nuevos amigos.

Si tu círculo no te está presionando, necesitas un nuevo círculo.

No hay dos personas en este planeta que tengan el mismo nivel de éxito. Entonces, la pregunta no es, *¿qué puedo hacer para estar a la par con los demás?* La pregunta es, *¿qué puedo hacer para llevar mi vida al siguiente nivel en* mis *términos?*

> **El éxito es como un copo de nieve. El tuyo y el de alguien más nunca se verán exactamente iguales.**

Quiero reiterar que el éxito no es solamente monetario o proveniente de los negocios, algo que nunca podré repetir lo suficiente. Es personal; es familia, las amistades; las cosas de la vida.

Desafortunadamente, la sociedad moderna nos ha enseñado que no podemos estar satisfechos si no hasta que alcancemos algún punto finito de éxito. Esa es la maldición de las redes sociales: nos sentimos insatisfechos con nuestras vidas cuando vemos el éxito aparente de los demás en internet. Todos los demás parecen estar muy *#bendecidos*, ¿verdad?

Entonces, ¿existe realmente la verdadera felicidad? Creo que existe y existe en todos los niveles de éxito. Pero no confundas *felicidad* con *estar contento*. Deberías querer luchar para pasar al siguiente nivel siempre. Puede que llegue un momento en que te sientas satisfecho y aceptes lo que tienes. Si eres feliz con eso, ¡genial! Si no estás satisfecho con eso, entonces eso te lo dice todo: aún no has alcanzado tu definición de éxito.

Siempre puedo ser un mejor esposo, un mejor padre, un mejor empleador, un mejor empresario y un mejor mentor para las personas. Me he fijado esas expectativas y movido cielo y tierra para lograrlas.

En realidad, solo hay dos tipos de personas de las cuales puedes tener expectativas. La primera es la gente a la que le pagas. El dinero es un contrato por un bien o servicio. Si voy a un restaurante y pago $50 dólares por un filete, yo espero que ese filete se vea y sepa de cierta manera y que el servicio sea ejemplar. Tengo derecho a esperar eso. Puedo ir a Whole Foods y comprar un filete por $ 20 dólares, pero estoy dispuesto a pagar más para que me traten y atiendan bien.

Tu familia, incluyendo tu cónyuge, no cabe en esa primera categoría. Las únicas expectativas que puedo tener de mi esposa son los votos que compartimos. No puedo esperar que me cocine la cena todos los días, que esté de buen humor todo el tiempo o que me bese antes de irme al trabajo.

Si estableces expectativas poco realistas de los demás, la regla de "todo el tiempo" regirá, es decir, *te decepcionarás todo el tiempo.*

Tu pareja, hijos, familia y amigos tienen experiencias de vida muy diversas gracias a las diferencias en nuestros procesos mentales. Cada uno de nosotros tiene miles de pensamientos subconscientes que colorean el lente a través del cual vemos la vida.

Nuestra mente subconsciente o pensamiento internos son parte del problema cuando se trata de expectativas. Cuando alguien no llena las expectativas que injustamente le has establecido, lo tomas como un "fracaso". Es posible que la razón por la que tu conyugue no te demuestra demasiado afecto últimamente se deba al estrés, más tu cerebro le da una importancia indebida a la falta de atención y empiezas a pensar: *Ya no me ama tanto como antes.*

La realidad es que la falta de afecto no tiene nada que ver contigo. Cero. Pero le das significado y creas una historia en tu subconsciente, la cual se mantiene con vida dando vueltas en un círculo vicioso. Lamentablemente, esas son las semillas que pueden destruir una relación.

La única otra persona para la que puedes establecer expectativas eres tú mismo. Eso también significa que, si vas a hacerte promesas o establecer expectativas para ti, más te vale que te las cumplas. ¿Pero adivina qué? Muy pocas personas lo hacen. Rompemos las promesas con nosotros mismos varias veces al día. Imagínate por un segundo si te enojases tanto contigo mismo como lo haces con otras personas cuando te decepcionan.

La razón por la que nos perdonamos a nosotros mismos tan rápidamente es que no le contamos a nadie de los "tratos" que hacemos con nosotros mismos y que rompemos. Tienes que contarles a otras personas lo que estás haciendo o planeas hacer. Esta es la esencia de la *rendición* de cuentas y es una parte indispensable de este proceso.

EL ÉXITO REQUIERE RESPONSABILIDAD

No soy un superhéroe, ni tengo algún talento inherente que me haga más propenso que otros a ser capaz de apegarme a un horario. Me gusta aprender; quiero seguir haciendo lo que me funciona y desechar aquello que no.

Siempre he tenido una buena ética de trabajo, pero mi rutina solía traerme más daño que salud. Cuando comencé con Allstate después de dejar New York Life, me costó cada centavo (y algo más) comenzar mi primera agencia. Contraté a mi primera empleada seis meses después y usé una tarjeta de crédito para pagar su salario. Así de arruinado estaba.

De alguna manera, me convencí a mí mismo de que la ducha del gimnasio era suficiente. Trabajaba de 90 a 100 horas a la semana y no le veía sentido a pagar el alquiler de un apartamento pequeño en el que nunca iba a estar. Así que, viví en mi auto por tres meses. He ahí la definición de *agobiado*. En todo caso, lo bueno es que estaba soltero en ese entonces, pues no es posible tener una vida hogareña significativa (o cualquier tipo de vida) con el horario que manejaba.

Eventualmente me di cuenta de que no tienes que matarte para ser exitoso. Me levantaba a las 7 a.m. o incluso a las 8 a.m. para trabajar hasta altas horas de la noche y seguir creciendo un gran negocio con presencia en varios estados.

Años después, finalmente me casé y tuve un hijo. De la nada, me di cuenta de que, si quería tener un negocio exitoso y una vida familiar exitosa, era hora de empezar a levantarme más temprano para hacer aquellas mejoras que me convertirían en un mejor esposo, padre y coach.

Sin un sistema para organizar tus mañanas, te despiertas y *¡PUM!* La vida te golpea y te obliga a ponerte de pie mientras aun caes.

Cuando el resto del mundo está despierto junto contigo, existe un gran riesgo de interrupciones.

Levántate en la tranquilidad de la mañana y notarás un dramático cambio en cada aspecto de tu vida.

Sabía que esto debía ser un compromiso así que, cuando finalmente tomé la decisión, les dije a todos a mi alrededor cuál era mi nuevo plan, es decir, a mi esposa, mis amigos e incluso mis empleados. Quería que todos me responsabilizaran.

Incluso inspiré a otras personas a iniciar la rutina conmigo. Nos enviábamos mensajes de texto todas las mañanas para asegurarnos de que estuviésemos despiertos. Fue increíble e hizo que levantarme fuese más fácil sabiendo que pronto recibiría una llamada o que yo mismo necesitaría hacer esa llamada.

Hace unos años, establecí otra regla de que el celular desaparecería a las 7:30 p.m. y solo volvería a aparecer hasta las 8 a.m. del día siguiente. Le conté a mi esposa lo que planeaba hacer y le pedí que me responsabilizara de cumplirlo. Si hubiese establecido esta regla sin haberla involucrado, podría haberla roto más fácilmente. También podría haber causado malestar que ella mencionara mi uso del teléfono sin que yo la hubiese involucrado primero como oficial de cumplimiento.

Cuando le pides a alguien que te responsabilice, tu ego se involucra cuando cometes un error y esa persona te llama la atención, y eso es bueno (más sobre el ego más adelante). Odio la idea de intentar explicarle a alguien por qué algo no se hizo o porque rompí una promesa. A algunas personas no les importa, pero a la mayoría sí. Espero que seas una de esas personas.

Si actualmente te vas a la cama con firmes intenciones, pero pausas la alarma en la mañana, ¿qué puedes hacer? Primero, tienes que comprometerte contigo mismo y luego debes contárselo a alguien más.

Si no le cuentas a nadie, lo más probable es que nunca suceda. Seguirá siendo una intención incumplida, un sueño. El paso más importante es decirles a todos, especialmente a las personas más cercanas a ti, que te responsabilicen.

La responsabilidad fuera de nosotros mismos es útil porque vivimos en un mundo egocéntrico. Todos somos unos ególatras. Puede que la gente diga que no, pero todos somos egocéntricos. Piensa en esto: si te tomas una foto grupal, ¿quién es la primera persona que buscas en esa foto? Todos somos ególatras hasta cierto punto y nos preocupamos por lo que los demás piensan de nosotros.

Si crees que no eres un ególatra, entonces lo eres aún más.

Esto significa que la mejor manera de fomentar la Psiquis del Éxito es asegurarte decirle a los demás lo que planeas hacer y darles permiso para que te responsabilicen y mantenerte firme. Cuéntales los objetivos para tu rutina matutina, tus objetivos de perder peso, tus objetivos comerciales, límites en las redes sociales, lo que sea. Luego, empodera a esas personas para que te llamen la atención y te ayuden a volver a encarrilarte.

> **Si habrás de mantener tu compromiso, este debe pasar de ser *subconsciente e interno a consciente y externo***

Sácalo de tu cabeza y al mundo. Si no estás preparado para hacer eso, no estás listo para hacer cambios reales. Solo estás intentando sentirse mejor a corto plazo.

Si necesitas comenzar a hacer ejercicio, crea un grupo que se reúna todas las mañanas a las 6 a.m. Es muy poco probable que vayas a dejar esas personas esperándote. Comencé un club de lectura con el fin de responsabilizarme y nos reunimos todos los miércoles para discutir el libro del mes. No imagino decepcionar a esas personas. No soy ese tipo de persona. Punto.

Obtener grandes resultados requiere hacer cosas difíciles. Para mí, la forma de superar esos momentos en los que quiero seguir durmiendo (literal y figurativamente) es simplemente aprovecharme de ese deseo. Cuando no tengas ganas de levantarte, levántate. Es un interruptor en tu cerebro y el éxito requiere que lo actives.

Sé que muchas personas dudan en comprometerse con algo como una rutina matutina porque han escuchado que tienen que esforzarse ahora para obtener una gran recompensa mucho después. Saben que necesitan hacer lo difícil ahora para obtener ganancias a largo plazo.

Pero la verdad es que los resultados son mucho más instantáneos. Cuando mi alarma suena y no sigo durmiendo, instantáneamente me siento mejor. Me siento orgulloso de mí mismo y sé cuántas cosas voy a lograr. Ahí hay una recompensa instantánea.

Los hábitos se construyen gracias a las recompensas.

Realmente *no* tiene que ser solo para obtener beneficios a largo plazo. Puedes disfrutar de las recompensas de inmediato. No solo te estás levantando temprano para obtener una bonificación a largo plazo (bueno, sí es así), sino que también puedes disfrutar de una gratificación instantánea.

LOS PEQUEÑOS AVANCES SON AVANCES

Soy una de esas personas que lo dan todo. Cuando comencé con mi plan para las mañanas, lo di todo de mí. Así es como estoy programado.

Pero no es la única forma de hacerlo realidad.

Aquellas personas que no suelen darlo todo, igual deben comprometerse, sin embargo, su compromiso puede ser hacer sus esfuerzos poco a poco. Los pasos pequeños igual te ponen en el camino correcto. Siempre y cuando tengas un por qué, podrás encontrar la manera de lograr algo. Algo que siempre digo es:

Cambia tu modo, cambia tu vida.

Decídete a hacerlo sin importar cuan doloroso que sea.

- Despierta y medita durante cinco minutos.
- Planea tus cosas y establece metas durante tres minutos
- Lee durante cinco minutos.
- Camina un poco.

Continúa dando esos mismos pasos, repítelos, y luego, paulatinamente, aumenta el tiempo que dedicas a cada uno.

Y no olvides el paso fundamental de establecer expectativas. Hazte una promesa y cuéntaselo a los demás.

Muchas personas se quejan de su vida. Se quejan de la forma en que fueron criados. Quejarse es un desperdicio. No podemos controlar en qué país o en qué familia nacimos, o si de niños tuvimos o no lo suficiente para comer.

Tienes que cambiar tu modo para que así tu vida cambie. No hay duda de que una buena rutina matutina cambiará tu vida si la sigues, incluso si lo haces poco a poco.

¿Tus hábitos están a tu servicio o eres tú su esclavo?

La palabra *hábito* tiene un significado completamente diferente, el cual depende netamente de cuán disciplinado seas. Si ya tienes una rutina y eres disciplinado, entonces verás la palabra *hábito* de manera positiva. Si te cuesta levantarte temprano, te distraes con las redes sociales durante el día, estás arrepentido al final de la jornada laboral por haber logrado tan poco y te acuestas a la luz de la televisión, entonces imagino que la palabra *hábito* para ti es más negativa.

Bueno, esto es lo que sé. Si quieres desarrollar una Psiquis del Éxito, tus hábitos tendrán que estar a tu servicio y no tu al de estos.

¿Trabajas a diario por lo que quieres? Si has de ser un profesional, debes esforzarte como tal.

¿Tienes un sistema para asegurarte de que los hábitos que estás implementando son buenos? Este libro te ayudará a hacer precisamente eso. ¿Qué tal un sistema para destruir los malos hábitos? Aquella rutina que desarrolles para incorporar buenos hábitos, te ayudará a ir sacando los malos.

Lee libros llenos de inspiración y buenos consejos de otras personas exitosas todas las mañanas y verás que hábitos debes reemplazar.

> **Si no habrá de quedarte nada más de este libro, que sea esto: comprende que lo que haces a primera hora de la mañana te traerá éxito o frustración durante el resto del día.**

Toma decisiones difíciles. Esfuérzate. Si ves televisión hasta muy tarde en la noche y eso te está impidiendo levantarte en la mañana, deja el control remoto en el otro extremo de la casa. Yo me engaño a mí mismo todos los días de esa manera para lograr hacer mis cosas.

He aprendido a manipular mi propia mente. Jamás intentaría controlar la mente de alguien más, pero la mía... esa la manipulo todo el día. Ese es un proceso fundamental porque constantemente, y de manera subconsciente, tenemos la misma historia en nuestra mente, aquella de la niñez que intenta programarnos para fallar.

Todos sabemos por qué no actuamos o no cumplimos una meta, solo que no somos capaces de admitirlo ante nadie. Simplemente creamos excusas para nosotros mismos porque no somos responsables ante nadie más.

He cometido muchos errores en mi vida, incluyendo errar en la forma en que comienzo mi día. Siempre he leído un poco, pero solía ser esporádico. Tampoco solía meditar hasta que comencé con mi nuevo horario. Ahora que todas estas cosas hacen parte de mi rutina diaria, no puedo imaginar volver a como era antes.

Finalmente descubrí qué es lo que impulsa al egocéntrico que hay en mí: no romper mis promesas. Solía considerarme a mí mismo como una especie de ángel porque siempre me enorgullecía de ser "un hombre de palabra". Si te digo que haré algo, lo haré, pase lo que pase.

Descubrí que no soy ningún ángel. Simplemente soy un ególatra que no quiere quedar mal.

Puede resultarte difícil admitir hasta qué punto el ego impulsa nuestras decisiones, pero espero que veas que no es algo de que avergonzarse cuando hayas llegado al final de este libro. Más bien, aprovéchalo, úsalo para ayudarte a encontrar la responsabilidad que necesitas para configurar una rutina matutina ganadora.

A LA LARGA, LOS
HOMBRES GOLPEAN
SÓLO A LO QUE
APUNTAN.

HENRY DAVID THOREAU

SEIS

UTILIZA UN GPS PARA TU VISIÓN Y TUS VALORES

¿ Me creerías si te dijera que tengo un tablero de visión en mi refrigerador, en el espejo del baño y como protector de pantalla en mi iPhone y iPad?

Sí, estoy hablando de ese cliché con fotos que fue una herramienta de motivación de moda a principios de la década de 2000. En todo el país, las mujeres jóvenes con entusiasmo recortaban fotografías de modelos en bikini y los hombres fotografías de Ferraris y abdominales de calendario. Durante un tiempo, estos collages llenos de maravillas visuales fueron la cubierta de los espejos y los de tableros de todos.

Actualmente, los tableros de visión parecen haber quedado en el olvido (como ocurre con la mayoría de las modas). Sin embargo, la realidad es que si en el pasado no te funcionaron es porque no los estabas usando bien.

Mapear objetivos con un tablero visual es increíble. Es por eso que planeo poner los tableros de visión de moda otra vez y hacer de ellos algo genial. También planeo cambiar por completo la forma en que ves el establecimiento/planificación de metas y hacer que te sea posible establecer y lograr tus metas de manera consistente.

No importa como creas que aprendes mejor (visual, auditivamente o mediante el tacto), la realidad es que *todos* los seres humanos somos visuales. Nuestros ojos captan información y nuestro cerebro procesa esos estímulos visuales, lo que hace que la vida sea emocionante, nueva y tangible.

Sé que a algunos les encanta ver a un músico sentarse a tocar la guitarra durante horas; pero seamos realistas, la mayoría de las personas van a un concierto a ver un gran espectáculo, una producción impactante que de placer a los sentidos. Si simplemente quisiéramos escuchar música, para eso tenemos Spotify o Apple Music en nuestros teléfonos.

No tenemos que pagar $150 dólares por boleto para *escuchar* el espectáculo. Vamos es a *ver* el espectáculo.

Creamos recuerdos con nuestros ojos y esos recuerdos visuales quedan guardados en lo más profundo y nunca los olvidamos. El poder de las imágenes es la razón fundamental detrás de por qué mapear objetivos usando tableros de visión es tan útil.

Y estoy hablando de algo más que un tablero con palabras. Necesitas las fotos. Necesitas el atractivo visual.

También te diré que no todos los tableros de visión se crean por igual. He visto tableros de visión que hacen que mi cabeza dé vueltas con sus imágenes aleatorias sin rumbo. Me da mareo tan solo pensar en ello. Ese tipo de tableros de visión son inútiles.

Honestamente, tírenlos a la basura.

La única forma de crear un tablero de visión que funcione es planificarlo y ejecutarlo cuidadosamente (así como todo lo demás en la vida que vale la pena tener y usar). A lo que me refiero es a un tablero de visión que sea la versión tangible y visual de tus objetivos más importantes.

TUTORIAL PARA HACER EL MEJOR COLLAGE DE OBJETIVOS

Los mejores tableros de visión son limpios y visualmente dinámicos. Si otra persona observa tu tablero de visión y no logra descifrar qué estás planeando, ese tablero de visión no es bueno. Para cualquiera que te conozca, aunque sea un poco, deberá ser evidente lo que cada elemento visual representa.

No me ocupo con una descripción detallada y prolija de cada objetivo en mi tablero. Ya escribo mis objetivos cada mañana durante mi tiempo de mapeo mental, por lo que no necesito deletrearlos palabra por palabra en mi tablero de visión.

Cómo Crear Un Collage Visualmente Agradable:

Encontré una herramienta en línea fenomenal que te ayuda a crear un tablero de visión de manera fácil y gratuita: www.PhotoCollage. com. Es el proceso más simple y te toma menos de cinco minutos crear tu tablero. Solo ve a esa página y carga tus fotos o imágenes, ¡eso es todo!

Lo bueno de crear tu tablero en *www.PhotoCollage.com* es que ahora tendrás una copia digital en tu computador y teléfono, así como una que se puede imprimir.

Para maximizar sus ventajas, usa tu tablero de visión como protector de pantalla en tus dispositivos. Luego, imprímelo y ponlo en el espejo del baño. La mayoría de nosotros nos miramos en el espejo a primera hora de la mañana, por lo que puedes sumar tu tablero a la lista de cosas que miras al levantarte. Los recordatorios diarios solo pueden ayudar, nunca lastimar.

Me encantan los recursos que me simplifican la vida y *www.PhotoCollage.com* es uno de ellos. Para mí es fundamental que el proceso se facilite porque creo un tablero nuevo cada noventa días, lo que nos lleva al siguiente punto.

Cómo Establecer Un Marco De Temporal Que Dé Resultados:

No crees un tablero de visión que al poco tiempo se convierta en una imagen nebulosa en tu pared. Para ser eficaz, tu tablero debe ser una representación precisa de tus metas. Es por eso que creo un tablero nuevo cada noventa días.

Eso también significa que creo un nuevo conjunto de metas cada noventa días (discutiremos más sobre el tema más adelante en este capítulo).

Elijo metas que me acerquen a mi definición personal de éxito. Si una acción no me acerca a esa definición, no me ocupo con ella.

Conozco personas que crean tableros de visión a largo plazo (de uno a cinco años). Un año es demasiado y algo más mas allá es inútil. Esas cosas terminan en la basura o acumulando polvo donde nadie las voltea a mirar.

Imagina que te dices a ti mismo: antes de *fin de año, quiero lograr este objetivo.* La mayoría de las personas tiende a posponer las cosas, lo que significa que al final del año terminarás con sueños incumplidos que te traerán nada más que arrepentimiento.

Entonces, cada noventa días, me siento y creo nuevas metas. Si en esos noventa días una meta importante queda pendiente por alcanzar, se transfiere a los siguientes noventa días. Si esto sucede más de dos veces seguidas, evalúo si ese es un objetivo que deseo o necesito lograr.

Cómo Abarcar Objetivos Personales Y Familiares:

Mi tablero de visión personal cuelga del refrigerador. Mi familia tiene un tablero de visión común también. Una de las mejores actividades para crear lazos familiares es sentarse a crear un tablero de visión en familia.

En el tablero de visión, a cada miembro de la familia le corresponderá al menos una meta directa para sí mismo. Mis hijas menores aún no pueden elegir sus propias metas, así que mi esposa y yo fijamos metas para ellas, por ejemplo, el tiempo de aprendizaje diario y practicar español/inglés. Por lo general, mi hijo adolescente tiene un objetivo académico o deportivo, entonces fijamos la meta de que nos informe sobre su progreso semanalmente.

Enséñales a tus hijos esta habilidad porque la escuela no enseña este tipo de cosas de la vida real (es triste, pero cierto).

Nuestro tablero de visión familiar también está diseñado para durar noventa días. Nos sentamos una vez a la semana y discutimos si vamos por el camino que nos llevará a alcanzar nuestras metas. Es una reunión familiar, un momento de aliento y rendición de cuentas.

Si no logramos un objetivo, lo tachamos con una X roja para que genere un efecto visual impactante. Es importante que tus hijos sepan que el fracaso siempre será una lección valiosa y no algo de lo que jamás se debe hablar.

Después de que mi hijo y yo viéramos *juntos el documental de Michael Jordan, El Último Baile*, se sintió inspirado a practicar más el baloncesto. Al día siguiente, salió durante quince minutos, pero luego regresó para revisar su celular. Cuando lo noté, le dije que "una de las razones por las que Michael Jordan tuvo tanto éxito fue que no tuvo la distracción de un celular".

Mi hijo levantó la mirada de su teléfono y me di cuenta de que se sintió culpable (nunca se sabe con los adolescentes, pero en ese momento, la responsabilidad resonó en él).

"Tienes razón," respondió.

La única razón por la que pude decirle eso es que nos hemos dado permiso para responsabilizarnos mutuamente. No querrás que haya resentimiento en tu familia cuando les recuerdes que deben seguir trabajando en sus metas. Así, cuando comunicas tus intenciones desde el principio, es posible que sea mejor recibido.

Si para tu familia es difícil pasar tiempo juntos, establece la meta de cenar en familia al menos tres veces por semana. Establece la meta de hacer una noche de juegos en familia una vez a la semana o de salir y practicar algún deporte juntos. Sé que suena extraño planear crear recuerdos, pero dado el ritmo de la vida, haz lo que puedas para asegurarte de darle amor a las personas que más lo necesitan.

El tablero de visión para mi empresa es el que mantengo en el espejo del baño y en los protectores de pantalla de mis dispositivos. Así mismo, de mis empleados espero que hagan sus propios tableros de visión. Les pregunto qué les gustaría lograr en los próximos noventa días desde su primer día de trabajo en mi organización. Deben determinar qué éxitos serán esenciales dentro de sus primeros tres meses, con base en lo que aprendieron durante la capacitación.

Cómo Usarlo A Diario:

Revisar mi tablero de visión es parte de mi rutina semanal. Todos los lunes a las 4 p.m., tengo una cita para revisar qué tanto he progresado respecto de cada objetivo en el tablero y qué ajustes podrían ser necesarios.

¿Estoy desalineado? ¿Qué acciones debo tomar durante los próximos días o semanas para volver a encarrilarme?

Un tablero de visión no sustituye un plan detallado y el mero hecho de crear uno no te hará exitoso. Sin embargo, revisar tu tablero te ayudará a planificar tus días con precisión y eficiencia.

> **Tu tablero de visión representa los destinos que intentas alcanzar y tus objetivos son parte del GPS que te conducirá a ellos.**

Un tablero de visión solo es tan bueno como los objetivos que ayudaron a crearlo. Este capítulo es, en esencia, una explicación detallada de mi singular proceso para establecer metas y cómo puedes adaptarlo rápidamente para usarlo en tu propia vida.

Por tanto, hablemos sobre el proceso para establecer metas y cómo hacer del tablero de visión la plataforma que te lleve a crear lo que yo llamo un *GPS* ganador, abreviatura para *Sistema de Planificación de Metas (Goal Planning System)*.

IMPLEMENTACIÓN DE TU GPS PERSONALIZADO

Nunca salgo de mi casa sin usar mi GPS favorito (Sistema de Posicionamiento Global): Waze la mejor herramienta para ir del punto A al B de la manera más eficiente y por la ruta más rápida. No se me ocurriría desplazarme más allá del supermercado del vecindario sin programar mi *GPS* para que guíe mi camino. Él me ayuda a evitar los accidentes que haya en el camino, ahorrándome así mucho tiempo y frustraciones.

Sin embargo, la gente sale de su casa todos los días sin un GPS en la mano y de verdad que se nota. No tienen metas finales en mente ni un plan para llegar a donde necesitan ir. Esta es mi pregunta favorita para la gente:

> *Si te diera una varita mágica, ¿Cuánto dinero te gustaría ganar al mes y así vivir la vida de tus sueños?*

Son pocas las personas capaces de responder a esta pregunta. Incluso son menos los que tienen una respuesta lista en la punta de la lengua. Entonces, detengámonos un minuto a ponderar esa pregunta y encontrar la respuesta.

Esta falta de dirección y orientación también se nota cuando les pregunto sobre sus objetivos comerciales o laborales. Suelo preguntar: "¿Cuántos socios comerciales quieres incorporar a tu negocio este mes?"

Las respuestas que recibo generalmente son: "Supongo que me gustaría incorporar cinco".

Ah, ¿te "gustaría"? ¿Ese es tu objetivo entonces? ¿Y cómo vas a lograr ese objetivo? ¿En qué actividades se ve representado eso?

Sin un GPS que te dirija, ese número solo es un deseo a la hora de la verdad. Así que hablemos de cómo solucionarlo. Existen tres pasos sencillos para alcanzar tus objetivos de acuerdo con mi *Sistema de Planificación de Metas* o **GPS** (por sus siglas en inglés).

1. Enfócate En Destinos Cuidadosamente Seleccionados.

Lo primero es lo primero: La gente se fija demasiadas metas a la vez. ¿Cuántas boquillas tienen la mayoría de las estufas? Cuatro. Esa es la misma cantidad de metas que funcionan para mí. He descubierto que, para la mayoría de la gente, el punto óptimo parece estar entre cuatro y siete objetivos.

Suelo memorizar mis objetivos para poder reescribirlos fácilmente en la parte superior de la página durante mi mapeo mental y programación cada mañana. Luego, baso las metas específicas de ese día en estas metas trimestrales más amplias. Diseño las tareas específicas de cada día de manera tal que me acerquen a uno de los objetivos de mi tablero de visión.

Exagerar en los objetivos puede ser muy des motivante y causar que abandones el proceso del todo. Comienza con cuatro objetivos y añade más solo cuando hayas alcanzado los primeros cuatro para el trimestre. El establecimiento de objetivos no es un proceso exacto, cada quien debe hacer modificaciones, configuraciones y ajustes a su medida.

Cuatro parece ser el número mágico en mi vida también por otra razón. Cualquiera que me conozca sabe que me encantan los deportes. Soy un gran fanático del fútbol y del baloncesto y de sus aplicaciones en todos los ámbitos de la vida, pues veo un juego de fútbol como una empresa y dirijo mi empresa como un juego de fútbol.

Cuando ves un partido de fútbol, hay dos cosas que sigues de cerca todo el tiempo: el *marcador* y el *reloj*. Imito esto todos los días en mi negocio.

Si es el segundo tiempo y voy con ventaja, no levanto el pie del acelerador porque sé que incluso los mejores equipos pierden campeonatos de esta manera. Nunca le quitas el ojo a la pelota. Siguiendo la misma lógica, si acercándose el final del segundo tiempo vas perdiendo por tres goles, todavía hay tiempo para remontar.

Siempre hay tiempo para remontar hasta el pitazo final.

Esta forma lúdica de abordar mi día también significa que no todos los partidos se ganan. Está bien. Si a estas alturas aun no te has dado cuenta, saboreo el fracaso porque me muestra lo que no funciona y casi siempre revela un camino hacia lo que *sí* funciona.

El campo de juego del fútbol es largo y ancho, más los jugadores no anotan haciendo pases largos. Los mejores equipos se enfocan en su juego corto, un pase a la vez, para llegar al arco

2. Planea Las Rutas Que Seguirás Cada Día.

Un tablero de visión como el que discutimos conduce naturalmente al proceso de ingeniería inversa que transforma las metas
en algo más que una quimera.

Si un jugador de béisbol quiere un promedio de bateo de .350,
¿cuántas horas al día necesita practicar? ¿Qué preguntas necesita
hacerle a su entrenador? ¿Qué ejercicios debería hacer todos los
días o cada semana?

Si un vendedor quiere alcanzar cierta cuota, ¿Cuánto necesitará
vender? ¿Cuántos clientes representa esa meta y cuánto tiene que
vender a cada cliente? ¿Cuál es la tasa de cierre de ese vendedor? Y
con base en ello, ¿Cuántos prospectos necesitará buscar para cerrar
suficientes negocios? Estas son las preguntas a las que debes aplicarle ingeniería inversa antes de planificar tan siquiera un instante
de cualquier otro día.

> **Estas preguntas te permiten descubrir qué
> Actividades Productoras de Metas GPAs (por su sigla
> en inglés) te llevarán a alcanzar tus objetivos.**

Aun así, las metas son una fuente de dolor y lucha para muchas personas. ¿Cuántas veces te has fijado una meta en tu mente o incluso
has llegado a escribirla y luego, unos meses o un año después, te das
cuenta de que te faltó para lograrla?

Es una sensación horrible. Sientes que te hundes. También es
una sensación que no tienes que experimentar más. De ahora en
adelante, dividirás tu día en "trimestres" (como los cuatro trimestres

del año) y utilizarás tu *GPS* **para determinar qué GPAs** ejecutarás en cada trimestre.

He desarrollado y utilizado un sistema de hoja de cálculo patentado que llamo **GPS para Cuatro Trimestres**. Recuerda, *GPS* significa *Sistema de Planificación De Objetivos (por sus siglas en inglés)*. El **GPS para Cuatro Trimestres** es una hoja de cálculo simple y eficaz para planificar objetivos, la cual puedes utilizar en literalmente cualquier negocio. Puedes transformar cualquier profesión, desde ventas, seguros e hipotecas hasta bienes raíces, ventas de automóviles, mercadeo en red y más. En la siguiente página verás la hoja de cálculo que desarrollé. Si deseas descargar la versión de Excel de forma gratuita, visita mi sitio web: *www.TheSuccessPsyche.com/GPS*.

He aquí la forma más eficiente de desglosar tus objetivos y planificar tus GPAs:

Trimestres Anuales

Primero, establezco de cuatro a siete (generalmente alrededor de cuatro) metas por trimestre. Eso también significa que sostengo cuatro sesiones de fijación de objetivos por año. Reviso estos objetivos todos los días durante el trimestre:

> **Trimestre 1:** Enero a Marzo
> **Trimestre 2:** Abril a Junio
> **Trimestre 3:** Julio a Septiembre
> **Trimestre 4:** Octubre a Diciembrer

Trimestres mensuales

Luego, miro cada semana del mes como un trimestre. Mi objetivo es lograr lo que me he propuesto hacer para ese mes dentro de las primeras cuatro semanas. Considero que el tiempo después del día veintiocho es un tiempo extra que puedo utilizar para ponerme al día y asegurar la victoria:

Trimestre 1: Semana 1
Trimestre 2: Semana 2
Trimestre 3: Semana 3
Trimestre 4: Semana 4
Tiempo extra: Después del día 29+

Trimestres semanales

En tercer lugar, miro mi semana laboral de la misma manera, es decir, de lunes a jueves son cuatro "trimestres". Mi objetivo es lograr todo lo que necesito lograr durante la semana para el jueves. El viernes es mi tiempo extra, tiempo que utilizo para ponerme al día y asegurar una vez más una victoria:

Trimestre 1: Lunes
Trimestre 2: Martes
Trimestre 3: Miércoles
Trimestre 4: Jueves
Tiempo extra: Viernes

Trimestre diarios

Finalmente, separo cada día en " trimestres" (o cuartos). Al final de cada uno, me hago al margen por un tiempo para discutir las próximas jugadas y que el día no se me escape.

Trimestre 1: 9 a 11 a.m.
Trimestre 2: 11 a.m. a 1 p.m.
Trimestre 3: 1 a 3 p.m.

GPS DE 4 TRIMESTRES

Sistema de · Planificación de · Metas

FECHA/TRIMESTRE	PM DE META	PM A LA FECHA	META MUY IMPORTANTE	MMI A LA FECHA	OBSTÁCULOS DE META	OBSTÁCULOS A LA FECHA	POSICIÓN DE META	POSICIÓN A LA FECHA	INGRESO DE META	INGRESO A LA FECHA
Tri.___ Año___										
Mes____										
Semana #1										
Semana #2										
Semana #3										
Semana #4										
Diario (L-J)										
Mes____										
Semana #1										
Semana #2										
Semana #3										
Semana #4										
Diario (L-J)										
Mes____										
Semana #1										
Semana #2										
Semana #3										
Semana #4										
Diario (L-J)										

GPS DE 4 TRIMESTRES

Sistema de **P**lanificación de **M**etas

GPA (Actividades Productoras de Metas)

ÁREA DE LA META	FECHA/TRIMESTRE	META	A LA FECHA	META	A LA FECHA	META	A LA FECHA
Mes____							
Cada Semana							
Diario (L–J)							
Cada 3ª parte del día							

ÁREA DE LA META	FECHA/TRIMESTRE	META	A LA FECHA	META	A LA FECHA	META	A LA FECHA
Mes____							
Cada Semana							
Diario (L–J)							
Cada 3ª parte del día							

80% de tu tiempo

ÁREA DE LA META	FECHA/TRIMESTRE	META	A LA FECHA	META	A LA FECHA	META	A LA FECHA
Mes____							
Cada Semana							
Diario (L–J)							
Cada 3ª parte del día							

ÁREA DE LA META	FECHA/TRIMESTRE	META	A LA FECHA	META	A LA FECHA	META	A LA FECHA
Mes____							
Cada Semana							
Diario (L–J)							
Cada 3ª parte del día							

20% de tu tiempo

Trimestre 4: 3 a 5 p.m.
Tiempo extra: Después de las 5 p.m.

Ahora viene lo bueno. ¿Cómo puedes usar esta información para construir un plan para cada trimestre, cada mes, cada semana y cada día y así lograr tus metas? Explicaré cómo hacerlo con un ejemplo simple:

Digamos que trabajas en ventas y has determinado que tu comisión promedio por cliente es de $1,000 dólares. Uno de tus objetivos es ganar $60,000 dólares en comisiones para el trimestre ($20,000 al mes). Eso también significa que tu objetivo para el trimestre es conseguir 60 nuevos clientes (20 clientes al mes).

¿Cómo utilizas esa información para ingresar las cifras en tu **GPS** y así planificar tus **GPA**?

Primero, necesitas tu tasa de cierre:

¿Cuál es el número promedio de personas con las que hablas y cierras un trato? (Si nunca lo has analizado, es necesario que lo hagas). Toma la cantidad de contactos o llamadas que haces en un mes y divídelo entre la cantidad de personas que logras convertir a clientes.

Para este ejemplo, supongamos que tu tasa de cierre es del 10%. Dado que quieres lograr 60 clientes este trimestre, ¿cuántas personas deberás contactar?

Bien, 60 es el 10% de 600. Ello equivale a 600 llamadas en el trimestre, lo que puede parecer mucho. Pero no es tan desalentador cuando lo desglosas (y aquí es donde ocurre la magia).

600 llamadas/3 meses = 200 llamadas por mes.
200 llamadas/4 semanas = 50 llamadas a la semana.
50 llamadas/4 días (recuerda, el viernes es tiempo extra)

= 13 llamadas al día (redondea)
13 llamadas/4 cuartos al día = 4 llamadas por cuarto.

Entonces, para llegar una meta que a la distancia parecía inalcanzable, todo lo que necesitas es hacer *cuatro llamadas cada dos horas del día*. Eso es, literalmente, solo dos llamadas cada hora, que te traerán $20,000 al mes en comisiones. ¿Eres capaz de llamar a dos personas en una hora?

Seguro que sí.

3. Arranca Y Asegúrate De Mantenerte Enrutado.

Una vez que hayas determinado que necesitas hacer, el último paso es programar las actividades en tu calendario. No asumas que lo harás solo porque has descubierto el secreto. Escríbelo y no dejes nada al azar.

Comprométete poniéndolo en tu calendario. Si no se programa, no se hace.

Debido a que he dividido mis objetivos hasta la más mínima parte, sé exactamente cuánto y que debo hacer cada día para lograr mis objetivos trimestrales.

Además de mi *GPS*, también tengo una lista de verificación para las partes cruciales de mi *GPS* y mis **GPAs**, la cual interiorizo. Estas son las preguntas que me hago cada semana (ya sea el domingo o el lunes):

1. ¿Escribí mis metas?
2. ¿Las revisé a diario? (Si mantienes la puntuación, ganarás).

3. ¿He identificado que personas necesito que me ayuden?

4. ¿Tengo las GPAs exactas para lograr mis objetivos? ¿Son mis GPAs las acciones que ocupan mi calendario diario?

5. ¿Mi objetivo se puede lograr en noventa días? Si no es así, ¿Cuál es la fecha más plausible y cuál es la ruta más rápida?

6. ¿Qué beneficios obtendremos yo y los que me rodean si alcanzo mi objetivo?

7. ¿Qué habilidad/conocimiento necesito para lograrlo?

8. ¿Realmente me he comprometido con este objetivo al decírselo a todos los que me rodean?

9. ¿Puedo visualizar alcanzar la meta?

10. ¿Conseguir este objetivo me hará feliz?

11. ¿He identificado posibles obstáculos?

12. ¿Cuáles son las consecuencias de no hacer lo necesario para alcanzar mis objetivos?

La claridad precede al éxito y la conciencia precede a la transformación. Estas preguntas te brindarán la claridad necesaria que te conducirá a una eventual transformación. No importa cuántas metas establezcas y cuán determinado creas estar, fracasarás si:

- No crees que puedes lograrlo.
- No ejecutas tus **GPAs** diarias.
- No te recuerdas a diario las promesas que has hecho y los compromisos que has adquirido.

¿Ves cuán factible se vuelve el proceso con un **GPS** y las *GPAs*? El

GPS te proporciona todas las piezas necesarias para convertir quimeras en destinos alcanzables en cuatro pasos:

1. Determina el objetivo.
2. Determina la actividad.
3. Programa la actividad.
4. Comprométete a diario.

Me gusta vivir mi vida como un juego. Es más efectivo y también tiene la clara ventaja de ser más divertido. Empieza a ver la vida como algo por lo que vale la pena estar en forma y esforzarse. La otra alternativa es dejarse llevar por la corriente de la vida.

Todos deberíamos esforzarnos por ser grandes conocedores de nuestro oficio. Puede ser en ventas, enseñanza o empresas. Todos podemos convertirnos en profesionales de élite en lo que hacemos.

"Pero, Jay, ¿qué pasa si no alcanzo una meta?"

A veces, en la vida suceden cosas y las metas no se alcanzan. Después de todo, lo único seguro en la vida es que todo cambia. Puede que tengas una hija que solía levantarse a las 8:30 a.m. y ahora se levanta a las 7 a.m. (sé un par de cosas sobre esto). Un cambio así podría alterar tu mañana. Es posible que hayas encontrado un trabajo secundario desde que estableciste tus metas para los próximos noventa días.

Habrá contratiempos y es posible que haya temporadas de pérdidas. En el deporte, los equipos sufren a causa del mal liderazgo, lesiones o un nuevo competidor. Puede que tu empresa pierda empleados o se enfrente a un competidor importante.

No olvides esta pieza crucial: debes revisar la grabación una vez el día (juego) termine. Eso es lo que se hace todas las mañanas durante el mapeo mental y la revisión del calendario. No puedes salir de la oficina hoy, regresar mañana a hacer las mismas jugadas y esperar resultados diferentes.

¿Qué hiciste en el primer trimestre que te hizo perder el rumbo? ¿Hiciste suficientes llamadas en el segundo trimestre? ¿Te distrajiste con tu teléfono o las redes sociales durante el tercer trimestre? ¿Te desenfocaste muy rápidamente en el último trimestre? ¿Qué tan honesto puedes ser contigo mismo sobre cuánto tiempo desperdicias a diario?

Si no estás preparado para responder este tipo de preguntas, no estás preparado para desarrollar la Psiquis del Éxito.

Dividir mi vida de esa manera y usar mi **GPS** (y conectarlo a las **GPAs**) ha revolucionado mi jornada laboral.

Por supuesto que tendrás contratiempos, al igual que cualquier gran atleta. Pero prefiero llamarlas *experiencias de aprendizaje* que luego se convierten en oportunidades para crear algo más grande de lo previsto.

Suceden cosas inesperadas, así que debes ser flexible. También tienes que comprometerte con tu horario y no permitir que las distracciones fuera de tu calendario lleguen sigilosamente y te roben tu bien más preciado: el tiempo.

Si no asumes el control, los resultados podrían ser catastróficos.

¿Estás ejecutando tus **GPAs** todos los días?

¿Tu calendario lo ocupa tus **GPAs**?

Todos debemos sufrir uno de estos dolores: el dolor de la disciplina o el dolor del arrepentimiento.

> **El dolor de la disciplina es fugaz, pero el dolor del arrepentimiento dura toda la vida.**

El uso adecuado del tiempo a través de una gestión eficaz del mismo es otra clave para desarrollar la Psiquis del Éxito. Hay innumerables libros y seminarios sobre el tema, lo cual se debe a que es un *área que le cuesta a la gran mayoría de personas.*

Me gustaría que te comprometieras a superar la tendencia a hacer mal uso del tiempo.

He aquí hay un ejemplo del dolor de malgastar el tiempo. Si desperdicias veinte minutos por hora durante la jornada laboral (por estar mal capacitado, ser desordenado, distraerte, estar cansado, aburrido, debido a las redes sociales, etc.), veamos cuánto tiempo habrás perdido realmente...

Efecto compuesto de desperdiciar veinte minutos por hora durante la jornada laboral típica:

- 20 minutos por hora x semana laboral de 40 horas
  = 800 minutos desperdiciados por semana.
- 800 minutos a la semana x 4 semanas al mes
  =3,200 minutos desperdiciados al mes
- 3200 minutos al mes/60 minutos por hora
  =53,33 horas desperdiciadas al mes.

- 53,33 horas al mes/24 horas del día

  =2,22 días desperdiciados al mes.

- 2,22 días al mes x 12 meses

  =26,64 días desperdiciados al año.

  26,64 días desperdiciados al año

Y ese es solamente el tiempo desperdiciado durante una jornada laboral típica. En realidad, la mayoría de nosotros "trabajamos" mucho más de ocho horas. Tenemos familias y responsabilidades en casa. La mayoría de las personas tienen días de alrededor de catorce horas diarias. Vamos a hacer un ejemplo más, esta vez mostrando el resultado de desperdiciar esos mismos "insignificantes" veinte minutos por hora.

Efecto compuesto de desperdiciar veinte minutos por hora en un día normal de catorce horas:

- 20 minutos por hora x 14 horas al día

  =280 minutos desperdiciados al día

- 280 minutos al día x 7 días a la semana

  =1.960 minutos desperdiciados a la semana

- 1.960 minutos a la semana x 52 semanas al año

  = 101.920 minutos desperdiciados al año

- 101,920 minutos al año/60 minutos por hora

  = 1,698.67 horas desperdiciados al año

- 1,698.67 horas/24 horas al día =

  70.78 días desperdiciados al año

Más de *dos meses* de vida cada año, *idos* y sin haber conseguido nada. *¡Imagina tal efecto compuesto!* ¿Recuerdas todas esas veces que te quejaste de no tener suficiente tiempo? Pues resulta que eso no es del todo cierto, ¿verdad?

¡Programa tu día o vive con el dolor del arrepentimiento!

EL INGREDIENTE SECRETO ES UN CONJUNTO CORRECTO DE VALORES

Algo que hago cada trimestre es asegurarme de que cada objetivo que cree esté alineado con los valores fundamentales que guían mi negocio y mi vida.

Puedes tener metas e imágenes en un tablero de visión, pero sin tus valores fundamentales para guiarte, serás como esas personas llenas de tristeza de las que a veces oímos hablar. Ya las conoces: vivieron una vida de riqueza y lujo, pero descubrimos que fueron miserables en secreto toda su vida.

En caso de que aún no te hayas dado cuenta, es posible ser rico, incluso lograr metas, y vivir miserable.

Muchos factores diferentes contribuyen a la felicidad o la infelicidad en la vida de una persona. Aun así, me he dado cuenta de que si no tienes valores interiores que te guíen, tendrás dificultades para encontrar alegría y ser fiel a tu ética.

Entonces, ¿cuáles son los valores fundamentales? Los valores fundamentales son aquello en lo que crees sin importar qué ni cuándo. Son valores que te permiten evaluar cada situación, cada persona y cada decisión de acuerdo con un conjunto uniforme de pautas.

Mis valores fundamentales me facilitan enormemente tomar decisiones sobre mis objetivos y acciones. Descarto cualquier actividad que no se alinee con mis valores fundamentales. No contrato ningún nuevo empleado que vaya a ir en contravía de alguno de mis valores fundamentales. Si tengo que traicionar uno de mis valores fundamentales para lograr un objetivo, ese no es un objetivo que valga la pena perseguir.

Estos son los diez valores fundamentales que guían mi vida y mi negocio.

1. Transpirar Excelencia

Me apasiona la excelencia. Es el rasgo principal que busco en las empresas con las que trabajo y los empleados que contrato. La vida es demasiado corta para esperar o hacer trabajos mediocres. Toda persona que yo emplee me representa, por lo que también deben esforzarse por alcanzar la excelencia. Busco personas que sean intencionalmente excelentes. También busco empleados que pidan ser retroalimentados para asegurarse de que están realizando un excelente trabajo.

No quiero trabajar con nadie que se avergüence de su excelencia. Si eres el mejor en lo que haces, mereces ser elogiado. Solo asegúrate de ser capaz de respaldar esa afirmación, si dices ser el mejor en lo que haces.

2. Tener Una Actitud Positiva

Hago todo lo posible para tener una actitud positiva todos los días. Además, solo me rodeo de personas que tengan una actitud intencionalmente positiva. La razón es simple: es casi imposible ser positivo en medio de un mar de negatividad.

El mundo nos ataca con fuerza todos los días. Desde las noticias hasta las redes sociales, pasando por nuestras inseguridades y mentalidad de fracaso que intentan derribarnos, hay muchas cosas en nuestra contra. Tener una actitud positiva es lo único que te permitirá superar el fracaso y alcanzar el éxito.

Le pido a la gente que contagie su actitud positiva en un esfuerzo por disipar la negatividad de los demás. Si entro a una oficina y veo a alguien fruncir el ceño, le sonrío. Si no me devuelven la sonrisa, les pregunto en broma si sus labios están dañados. Esa pregunta casi siempre les hace sonreír. Debes esforzarte por ser el tipo de persona que pone una sonrisa en los rostros de otras personas.

Tu mundo podrá estar derrumbándose a tu alrededor, pero será mejor que te asegures de que tus clientes no lo noten. Si necesitas llegar a casa a llorar después del trabajo, hazlo. Solo no pongas ese tipo de carga sobre tu familia del trabajo o tus clientes. Sonríe y difunde alegría. La única otra alternativa es desanimar a los demás junto contigo y eso no es de ganadores.

3. Saber Jugar En Equipo

En este punto del libro, debe ser evidente que me encantan los deportes. Utilizo analogías deportivas todos los días con mis empleados. Por lo tanto, no debería sorprendernos que todas las personas con las que trabajo tengan que trabajar en equipo.

Debes hacer seguimiento a lo que haces y permitir que otras personas te responsabilicen. No puedes pretender quedarte con toda la gloria; poder trabajar bien con los demás es indispensable. ¬ No hay excepciones.

También tienes que ser humilde e implacablemente amable con

todos los que te rodean. Otra pieza clave de este valor fundamental es que debes dar más de lo que esperas recibir. Si haces cosas por los demás bajo expectativas o condiciones, entonces no sabes jugar en equipo.

4. Ser Determinado

Tener una Psiquis de Éxito significa que te desafías a ti mismo todos los días. El mayor competidor al que te enfrentarás en la vida es tu yo de ayer. ¡Siempre puedes ser mejor que esa versión de ti mismo! No debes compararte con los demás. En última instancia, solo debes compararte con tu desempeño de ayer.

Sí, podemos jugar y competir con los demás, pero, en última instancia, se trata de cómo te superas a ti mismo. Cuando cometes un error, debes asumirlo. ¬ No le puedes culpar al equipo. Alguien con una fuerte determinación interna hace esto casi intrínsecamente; me encanta trabajar con personas que piensan de esta manera.

5. Evolución Constante

La forma en que manejabas tus negocios hace cinco años o incluso hace un año no debería ser la misma de hoy. La pandemia del coronavirus nos enseñó muchas cosas, siendo una de las lecciones más importantes la siguiente: Evolucionar o quedarse atrás. ¬ Las empresas que cambiaron rápidamente sus modelos de negocio fueron las que prosperaron durante el 2020.

Cuando escucho a la gente decir cosas como, "Pero así es como siempre lo hemos hecho", huyo de ellos lo más rápido que puedo. No me importa cómo solías hacer las cosas. Quiero saber cómo lo harás en el futuro para atender a tus clientes de una manera que los beneficie a ellos, no solo a ti.

Si hay una nueva tecnología que beneficiará a tus clientes y tu negocio, deberías haberla implementado ayer. No seas uno de esos perros incapaces de aprender trucos nuevos.

6. Muestra Constancia

Sin constancia, tus objetivos nunca se convertirán en realidad. Sin constancia, despertarás todos los días con una sensación de arrepentimiento. Nunca te convertirás en el hombre de negocios, padre, cónyuge o ser humano que quieres ser si no eres constante. La constancia es la pieza que hace que todo funcione.

Es así de sencillo. A medida que empecemos a hablar sobre socios de responsabilidad, discutiremos lo importantes que son para que haya constancia en tu vida.

Los fracasos, las dificultades, los contratiempos y las enfermedades son todos asesinos de la constancia. Tienes que surgir y traer a tu vida personas que te ayuden a ser constante.

Cuando abordas la vida con constancia y tomas decisiones basadas en un conjunto uniforme de valores, tendrás una excelente oportunidad de alcanzar tu definición de éxito.

7. Se Íntegro

Le he pedido a mi familia y a mi familia del trabajo que, sobre todas las cosas, sean honestos conmigo. Puedo manejar cualquier noticia siempre que sea la verdad. Puede que me moleste, pero podré manejarlo, podremos superarlo y encontrar una solución.

Se íntegro en todo lo que haces. En todo. No puedes engañar, mentir o robar bajo ninguna circunstancia, incluso si temes que alguien te rechace o decida no hacer negocios contigo. ¬ Sin integridad, nadie podrá confiar en ti, no importa lo que les digas. ¬ Tu integridad siempre será cuestionada.

8. Se Profesional

¿Eres un profesional consumado a través de la forma en que actúas, hablas y te vistes? Si no es así, considera esto: no importa a qué te dediques, siempre estarás en el escenario. Bien sea una habitación llena de personas o simplemente tu cónyuge o hijos, alguien está observando.

No salgo de casa si no me veo lo mejor posible, pues nunca se sabe con quién me pueda encontrar. No voy a un aeropuerto si no es de traje porque nunca sé a quién pueda conocer. Esa persona podría cambiar mi vida y podría no haberla conocido de no haber lúcido profesional. ¬

No importa lo que hagas para ganarte la vida, verte y vestirte de manera estupenda siempre será lo mejor. Ello siempre dará pie a una conversación y dará a entender que debes tener mucho éxito en lo que haces.

9. Have a Strong Work Ethic

It doesn't matter how talented you are. What matters is your level of hustle—because hustle outdoes talent any day of the week. With the right amount of hustle, the talent always develops over time.

My son didn't play basketball until three years ago, and, when he first started playing, I told him, "If you want to get on the team, you're going to have to out-hustle everyone. Even if you have no skill, you have to be the first one to the ball and the first one up and down that court. Always."

If you can display any kind of work ethic in whatever you do, you're going to outwork and outdo everyone. Your competitors want something for nothing. They want to evolve with no effort, and that is how you can overcome them. Hustle!

10. Ten Una Ética Laboral Sólida

No importa cuán talentoso seas. Lo que importa es tu capacidad de trabajo, porque la capacidad de trabajo supera al talento donde sea. El talento siempre se desarrolla con el tiempo si hay una capacidad de trabajo adecuada.

Mi hijo no jugó baloncesto sino hasta hace tres años y, cuando empezó a jugar, le dije: "Si quieres formar parte del equipo, tendrás que trabajar más que los demás. Incluso si no tienes talento, debes ser el primero en llegar al balón y a cualquier extremo de la cancha. Siempre."

Si eres ético en cualquier cosa que hagas, harás más que los demás y los superarás. Tus competidores quieren algo a cambio de nada. Quieren evolucionar sin esfuerzo y así es como puedes superarlos. ¡Con capacidad de trabajo!

10 DÉJATE ENSEÑAR

Incluso en la cima de sus carreras, leyendas como Lebron James y Tiger Woods seguían teniendo un entrenador a su lado. Los mejores se convierten en los mejores gracias a sus entrenadores.

Independientemente del nivel de excelencia que alcances en tu carrera, siempre necesitarás alguien que te dé críticas constructivas sobre aspectos que nunca podrías ver por ti mismo. Somos unos socios de responsabilidad y coaches terribles para nosotros mismos.

No me gusta trabajar con quienes no se dejan enseñar porque con ello me habrán demostrado que no quieren evolucionar. No quieren mejorar. No son humildes. Ese tipo de personas son las que arruinan cualquier negocio.

Si alguien me obligara a elegir la mayor razón detrás del éxito en mi vida, diría que es que me dejo enseñar. Te dije desde la primera página del libro que había robado todo lo que estás leyendo. Ello se debe a que he permitido que me sigan enseñado a lo largo del evolucionar de mi vida. Busco información y el consejo de otras personas, de aquellas que son más sabias y experimentadas que yo.

No importa el nivel que alcance en la vida, siempre habrá alguien en un nivel superior al que puedo aspirar. ¬ Por lo tanto, querré hablar con esa persona y querré tenerla cerca. No, necesitaré tener a esa persona cerca.

Cuando escalé posiciones en Allstate y cuando construí mi negocio, se debió a me había dejado enseñar. Trabajaba más que los demás bajo una sólida ética laboral, pero también aplicaba el 100% de lo que otras personas exitosas me decían que hiciera y jamás cuestioné sus sugerencias. ¬¬ Luego, cuando me equivocaba, tomaba la iniciativa y preguntaba: "¿Cómo puedo mejorar?"

La vida es un juego, pero ello no quiere decir que no me tome la vida en serio. Es justo lo opuesto. Los atletas profesionales ven cada juego como un terreno de pruebas; yo veo todos los días de la misma manera. ¬ Es por eso que creo metas trimestrales y luego segmento cada año, mes, semana y día en "trimestres". Luego tomo mis metas y las visualizo en mi tablero de visión (las X y las O en mi libro de jugadas).

Abordo cada día como si fuese un deportista profesional.

¿Notaste que nunca me he referido a mí mismo como el "coach" de mi carrera? Jamás se me ocurriría decir que puedo entrenarme a mí mismo hasta alcanzar la victoria.

Ni siquiera hemos rozado la superficie de lo que es ser responsables ante los demás y seguir dejándonos enseñar (más sobre ello en los capítulos venideros). ¬ Plasmar tu idea del éxito fuera de tu mente es uno de los elementos críticos para hacer que las cosas sucedan. El tablero de visión ayuda a lograr esto, pero no puedes detenerte allí, también debes empoderar a quienes te rodean para que te responsabilicen.

Dejarse enseñar, mentoría y rendición de cuentas, responsabilizarte, son las siguientes piezas esenciales para desarrollar la Psiquis del Éxito, sobre las cuales leerás en los capítulos Siete y Ocho.

¿Estás listo para alcanzar tus metas trimestrales usando herramientas como mi **guía GPS para fijar metas**? Pon tu mejor cara y continuemos. Y no olvides visitar *www.TheSuccessPsyche.com* para descargar tu copia gratuita de mi GPS.

TENGO Y MANEJO
UN EGO FEROZ.

BILL MOYERS

SIETE

RESPETA EL PODER DEL EGO SOBRE LA RESPONSABILIDAD

¿Alguna vez te has defraudado?

No te preocupes, ya sé la respuesta. Todos y cada uno de nosotros nos hemos susurrado tranquilas y alentadoras promesa en la oscuridad de nuestros dormitorios mientras nos quedamos dormidos.

Mañana me levantaré temprano.

Mañana me ejercitaré.

Mañana no comeré alimentos procesados.

Mañana llamaré 50 clientes potenciales.

Mañana no entraré a las redes sociales.

Mañana leeré quince páginas de un libro.

Mañana haré ese proyecto.

Estoy seguro de que puedes agregar muchas promesas a esta lista. Todos conocemos esa sensación de hacernos una promesa silenciosa sobre la cual, en el fondo, sabemos que no hay prácticamente posibilidad alguna de que se cumpla.

Cuando establecemos *expectativas internas*, ¿Qué sucede con el ímpetu para cumplir con ese deber? Simplemente no es lo suficientemente fuerte y, como resultado, nos relajamos sin pensarlo dos veces.

Cuando plasmas tus metas, las sacas de tu mente y al mundo, ahí es cuando las cosas suceden. Tienes que hacérselo saber a la gente. Hay mucho poder en ello.

Cuando se trata de cumplir promesas a los demás, siempre he sido el tipo de persona que cumple lo que promete. Odio admitirlo, pero una vez me sentí orgulloso de ser así. Es como si de alguna manera ello me hiciera más especial o mejor que aquellos que decepcionan a sus amigos, familiares, empleadores o clientes por no estar a la altura de las expectativas.

"Soy un hombre de palabra", decía con aire de suficiencia, pensando en secreto que debo ser más íntegro que esas otras personas.

Solía molestarme cuando alguien no cumplía sus promesas. Solía no querer hacer negocios con esa persona y le perdía el respeto. Pero luego, un día, me di cuenta de algo. No es que fuese especial o tuviera alguna profunda moral interna superior a la de otras personas. De lo que me di cuenta es de que tengo un ego enorme.

Me di cuenta de que la única razón por la que solía ser tan

inflexible respecto a cumplir lo que prometía era que no quería quedar mal.

> **Ello no me convertía en una persona única y moralmente superior. Solo significaba que mi ego era demasiado grande para permitirme decepcionar a los demás.**

Una vez me di cuenta de que no era único por decir que era un hombre de palabra, comencé a pensar mucho sobre el ego y en cómo nos controla. Fue entonces cuando descubrí que la gente vive en un *estado egoico* durante toda su vida.

Y tal vez, solo tal vez, eso no sea tan malo como los libros de psicología nos hacen creer. Espero que estés de acuerdo al finalizar este capítulo. Examinemos la palabra ego un poco más de cerca.

LA SORPRENDENTE ESENCIA DEL EGO

El término *ego* es confuso y se usa en exceso. Lo usamos para referirnos a una variedad de conceptos y diferentes procesos psicológicos. También lo usamos como un término despectivo al hablar de quienes poseen personalidades abrasivas o simplemente son unos cretinos. No es divertido estar cerca de las personas con grandes egos y no vale la pena en lo absoluto estar cerca de personas con superegos.

Escuchar la palabra ego no te llena de calidez, ¿verdad?

Pero, ¿qué significa realmente ego? ¿De qué están hablando realmente los psicólogos cuando usan el término? ¿Y qué pretendía Sigmund Freud cuando escribió sobre el ego?

Puede que esto te sorprenda: Sigmund Freud no utilizó la palabra ego en sus escritos ni una sola vez. Ni una sola vez. Ego es la traducción más cercana que los eruditos pudieron identificar para el término en alemán que Freud utilizó en su obra conocida como *das Ich*, que literalmente significa "el yo"

Cuando Freud usó el término *das Ich*, lo hizo para referirse a la parte consciente de los humanos, esa que toma decisiones y que llamamos "yo". El ego es la persona en la que piensas cuando asumes algo (es decir, *quiero dejar mi trabajo o amo a mis hijos)*.

> **En otras palabras, tu ego es el *tú* en el que piensas cuando piensas en ti mismo.**

El ego es "yo", simple y llanamente.

Hay pensamientos y acciones que vienen del ego o el "yo" (que se basan en tu ego). En el otro extremo del espectro, hay pensamientos, motivos, emociones y comportamientos que no involucran mucho ego (los que no se basan en el "yo").

Cuando sostienes una conversación con un amigo cercano, estás concentrado en un gran libro o te pierdes en un buen programa de televisión, esos son momentos en que tu "yo" entra en las sombras. Lo opuesto a este tipo de sentimiento es lo que se ve en las personas con una gran depresión. Por una variedad de razones (sobre muchas de las cuales no pueden hacer nada), las personas que se encuentran profundamente deprimidas se concentran en sí mismas excesivamente y en lo que está mal en su "yo". Todo gira alrededor de sus experiencias personales y de nadie más.

Por tanto, es obvio que tiene que haber una especie de término medio en el que tengamos "justo lo suficiente" de ego, ¿verdad? Déjame decirte que parece que el mundo no concuerda. De hecho, cuando estaba buscando citas sobre el ego al escribir este libro, me sorprendió el hecho de que *cada una* de ellas era negativa.

"El ego es el enemigo".

"Evita tu ego".

"Huye de los que tienen ego".

Con base en nuestra limitada e inexacta comprensión del ego, entiendo lo que quieren decir. Pero, si lo analizas, es un consejo terrible. Averigüemos por qué.

RECONOCE TU EGO PARA UTILIZARLO

¿Recuerdas cuando de niño tratabas de impresionar a tus padres montando en bicicleta o marcando un gol? Eso es ego. Deseamos el crédito por las cosas que hacemos bien y no creo que eso sea desfavorable, en la mayoría de los casos.

El altruismo puro, o actuar para ayudar a otra persona a costa de uno mismo, es lo más alejado del ego que podrás encontrar. Vamos a ser honestos: a menos que seas la Madre Teresa, siempre recibes algún beneficio de tus acciones diarias.

¿Eso es malo? No, siempre y cuando hagas tu trabajo bajo una ética sólida y la gente esté mejor por haber trabajado contigo.

Dentro de ese contexto, el ego en realidad puede convertirse en una increíble herramienta para establecer y *alcanzar* objetivos en nuestra vida diaria. Esta revelación me llegó más o menos al mismo tiempo que me di cuenta de que era mi ego el que hacía de mi "un hombre de palabra".

No puedo soportar la idea de que alguien piense mal de mí. No puedo soportar la sensación de saber que decepcioné a alguien (gracias a mi ego).

Cuando me di cuenta de eso, decidí empezar a utilizar el poder del ego como ventaja contándoles a todos sobre las promesas que me estaba cumpliendo a mí mismo. Por ejemplo, decidí comenzar a levantarme a las 5:30 a.m. y les conté a varios amigos y a mi esposa sobre este objetivo. Luego, les di permiso de responsabilizarme. Cuando decidí llevar las operaciones de mi negocio al siguiente nivel, se lo dije a todo mi equipo, mis coaches, mentores y amigos.

No estaba dispuesto a decepcionar a todos los que me rodeaban. Simplemente iba a suceder.

Involucra tu ego sacando tus metas de tu cabeza. Cuéntales a todos de tus promesas porque, si les cuentas a otras personas que te agradan y respetas, estarás mucho menos inclinado a defraudarlas. He aquí un ejemplo sencillo:

> Digamos que decidiste perder diez kilos en un mes, pero eliges no decírselo a nadie. ¿Puedes pensar en una razón por la que prefieres no contárselo a nadie? Si eres honesto contigo mismo, es probable que se deba a que en realidad no vas en serio con la pérdida de peso. Ahora, avanza treinta días, ¿adivina quién todavía tiene esos diez kilos de más? Tú.
>
> Ahora, imagina que publicas en tus redes sociales que perderás diez kilos en un mes y les preguntas a otros si les gustaría bajar de peso contigo. Ahora de repente, tienes

un equipo de socios de responsabilidad que te buscarán en treinta días para preguntarte si has perdido peso.

¿Cuál crees que te ayudará a perder peso más rápidamente: tu objetivo secreto de bajar de peso, que nadie conocerá jamás, o el que está ahí afuera para que todo el mundo lo vea y en el cual tu ego está involucrado?

Somos *terribles* para cumplir nuestras promesas con nosotros mismos. Cuanto antes te des cuenta de ello, mejor. Las expectativas que guardas dentro de tu propia mente son casi inútiles.

Sin embargo, lo más inverosímil de las expectativas es que si alguien *más* no hace lo que esperábamos, nos enojamos y asignamos significado a su falta de acción. Un gran ejemplo de esto es cuando el esposo llega a casa y espera que su esposa lo salude con un beso, pero ella no lo hace. Él se enoja y concluye que ella no debe amarlo como solía hacerlo. O cuando la esposa espera que su esposo mágicamente sepa que se siente adolorida y quisiera un masaje de hombros; luego, se enoja cuando se acuesta sin haber recibido un masaje en la espalda, aun cuando ella nunca le dijo a su esposo lo que quería.

Recuerda: Las únicas personas de las que podemos esperar algo son aquellas a quienes les pagamos y nosotros mismos. Es todo. Pero eso no impide que nos ofendamos cuando las personas no hacen lo que en nuestras mentes creemos que deberían hacer.

Lo más increíble aún es que desarrollamos un conjunto de elaboradas razones por la cuales alguien nos ha decepcionado. Pero luego, ¡ni siquiera hacemos las *cosas más simples* que nos prometemos! Y en lugar de asignar a nuestra falta de compromiso un significado, le asignamos una excusa. Le damos una "razón válida" que nos saca del apuro con nuestro ego.

"Estoy demasiado ocupado y no tengo suficiente apoyo".

"La pandemia hizo que nuestro negocio fuera inviable".

"No puedo mantener mi dieta porque viajo mucho".

"No puedo acostarme temprano porque tengo demasiado trabajo".

"De todos modos, ya nadie compra este producto".

"Mi jefe no es buen gerente, así que no es mi culpa".

"Mi empresa no me capacitó adecuadamente, por lo que no es mi culpa".

Nunca he conocido a un adulto que no pueda pensar en un millón de excusas por las que no cumple sus compromisos consigo mismo.

Si así suenas tú, no está solo. Ahora, el hecho de que todos los demás tengan la misma tendencia no significa que puedas seguir así (recuerda: "la mayoría de la gente" es un terrible punto de referencia). Entonces, ¿Cómo hacer para dejar de sacar excusas y comenzar a usar el ego a tu favor?

Construye un sistema de responsabilidad para tu vida.

Siempre le cuento a la gente mis nuevas ideas. A lo mejor hago que algunas personas quieran llorar del aburrimiento porque me entusiasmo mucho cuando tengo una idea y me encanta convertirla en realidad. ¿Por qué me emociono tanto? Disfruto poniendo mis metas en el universo para crear responsabilidad.

Les he estado contando a algunos amigos acerca de una idea que mi esposa y yo tenemos sobre una empresa para ayudar a otras parejas, llamada Empoderando a la Pareja. Cuando hablo con esos amigos, siempre me preguntan: "¿Cómo va Empoderando a la Pareja?" Ese es el impulso que necesito para que las cosas sucedan.

Comprometerte contigo mismo y luego decirle a todos los que te rodean que puedes hacerlo es una idea que enorgullecería a cualquier ego.

LA RESPONSABILIDAD DE CALIDAD ES CLAVE

Después de contarle al universo, ve un paso más allá y permite que otras personas te mantengan encaminado. Diles que "Si no cumplo esta promesa, llámame la atención".

No puedes ofenderte porque alguien te llame la atención por faltar a tu compromiso, aunque sea natural ponerse a la defensiva en esos momentos. Mas es mejor luchar contra ese deseo dándote cuenta de que tu ego está avergonzado. En el fondo, ninguno de nosotros quiere decepcionar a otro ser humano.

> **No estás realmente ofendido. Estás decepcionado de ti mismo. Asúmelo y esfuérzate más la próxima vez.**

Esfuérzate y no tendrás que sentirte ofendido ni avergonzado. Es realmente así de simple.

Da permiso a la gente para que te responsabilice y purga con regularidad tu lista de socios de responsabilidad porque no todos se crean igual.

Al comienzo de la cuarentena del 2020, tres de mis amigos y yo nos comprometimos a hacer 100 flexiones y 100 sentadillas todos los días, los siete días de la semana, pase lo que pase. Nos enviábamos mensajes de texto todos los días durante el primer mes y medio para mantenernos encaminados. Después de las primeras seis semanas, yo aun hacía mis repeticiones diarias, pero noté que ninguno de ellos había vuelto a escribirme. Decidí esperar un par semanas y ver si alguno se reportaba.

Ninguno lo hizo.

Finalmente, les envié un mensaje diciendo, "Muy mal, chicos. Nos comprometimos a hacer esto y ninguno volvió a escribir. ¿Qué pasó?"

Por supuesto, todos respondieron con excusas, con respuestas tipo "Sí, pero tu tampoco has vuelto a escribir".

Les dije las cosas como son: "Esto no es de un socio de responsabilidad. Ellos no sacan excusas, ellos dan un paso al frente y dicen: 'Tienes razón, vamos a solucionar'".

Eso es lo que los socios de responsabilidad pueden hacer el uno por el otro. Si tus socios de responsabilidad te permiten inventar excusas, necesitas otros.

¡Necesitas a alguien que te haga sentir culpable si no cumples! Permite que tus socios digan: "¿Tu palabra no vale nada para ti?" Sin embargo, también necesitas a alguien que celebre tus victorias. Necesitas ambos. Pienso que una buena relación con los socios de responsabilidad es una especie de relación de *amor-odio*. Me *encanta* el hecho de que me responsabilicen, pero los *odio* (solo un poco y solo cuando voy mal) porque son muy buenos para llamarme la atención cuando me equivoco.

Los peores socios de responsabilidad son los facilitadores. Si estás tratando de dejar de beber y tu amigo te dice: "¡Olvídalo por hoy y vamos a tomar una copa!" eso no es un buen socio.

Si quieres cambiar tu vida, debes cambiar tu camino. La única forma de hacerlo es crear nuevos hábitos y luego comprometerte con las personas a que los seguirás. En otras palabras:

> **Tienes que dejar de ser el tipo de persona que siempre dice que "el lunes empieza".**

¿Cuántas veces te has prometido a ti mismo asumir un nuevo hábito el lunes por la mañana? ¿Cuántas veces has cumplido esa promesa?

Ximena me compró una bicicleta estática para Navidad hace unos años y me prometí a mi mismo que la usaría tres veces a la semana. Pues no empecé a usarla. Entonces, cuando finalmente me comprometí y decidí cumplir, empecé a publicar en Instagram cada vez que la usaba. Publicaba una foto de la pantalla para así responsabilizarme. Se siente bien cada vez que hago esa publicación. Mis seguidores y mi esposa se dan cuenta de que soy un hombre de palabra y me queda una sensación de logro.

Entonces, sí, los socios de responsabilidad son esenciales, pero no creas que ellos harán el esfuerzo por ti. En última instancia, vuelve al "yo", a la parte de ti que quiere poder decir: "Lo logré. Quería cambiar mi vida, así que cambié mi camino".

DEJA DE CREAR CRISIS

Espero que ahora veas que el ego puede ser una herramienta de mucha utilidad en tu vida cuando aprovechas su poder. Realmente solo hay dos opciones: puedes usarlo para tu ventaja o puedes permitir que te sabotee.

¿Cuántas de las crisis percibidas que experimentamos en la vida provienen de nuestros egos? Cuando fallamos, creamos narrativas en nuestra mente sobre cómo seremos juzgados y, de repente, hemos creado una crisis que ni siquiera existía.

Una guerra nuclear, esa es una verdadera crisis. Una pandemia, ese es un problema de verdad. Pero en su mayor parte, los fracasos en nuestras vidas no son crisis. Sé que hay excepciones. Sin embargo, durante la mayor parte de nuestras vidas, experimentamos fracasos que deberíamos poder superar rápidamente.

Entonces, ¿Qué es lo que ocurre? ¿Por qué permitimos que los fracasos (también conocidas como crisis percibidas) de la vida nos descarrilen por completo? Es por ese molesto ego de nuevo. Fallamos y nuestras mentes interiorizan ese fracaso. Creemos que "hicimos algo mal" y que no quisiéramos defraudar a alguien de nuevo. Entonces, simplemente no lo intentamos otra vez. Defraudar a alguien es, ciertamente, una sensación que a nadie le gusta.

Bien, ¿adivina qué? A nuestros egos tampoco les gusta decepcionarnos. Entonces, ¿Qué pasa con todas esas veces en las que te has prometido silenciosamente que te levantarás temprano en la mañana, pero luego no lo haces? Pues que tu mente comienza a dudar que realmente puedes o que eres realmente capaz de ser disciplinado.

Te estás autosaboteando, una promesa rota a la vez.

Entonces, cuando se presenta un fracaso o algún tipo de crisis profesional, tu cerebro (que está acostumbrado a decepcionarte) de inmediato dice: *¡lo sabía! Yo sabía que no iba a funcionar".*

Y esa es la mentalidad que prevalece en tu vida a partir de ese momento.

He aquí un hecho: a veces, no vas a tener la respuesta. Otras veces, encontrarás la solución solo descubriendo todas las formas incorrectas de hacer las cosas. Si no te parece, entonces deberás estar de acuerdo con vivir una vida de decepción, porque eso es lo que vas a tener.

Pon tu ego de tu lado y empieza a utilizarlo como una herramienta, empezando por *sacar* tus objetivos de tu mente y pidiendo la ayuda de otros. Si tu ego se parece en algo al mío, entonces tu deseo de no decepcionar a los demás te mantendrá en marcha cuando, de otro modo, aceptarías silenciosamente la derrota.

> **El ego no es "bueno" ni "malo". Solo se vuelve dañino cuando no eres consciente de ello. Una vez que reconoces tu ego, te quedan los beneficios de su existencia.**

Sé que este no es un libro de salud y bienestar, pero déjame decirte esto: tus prioridades de dieta y ejercicio dicen mucho sobre la salud de tu ego.

¿Tu ego está necesitando un impulso? Sé que esa pregunta va en contra de lo que dicen los libros de psicología y motivación modernos. Aun así, creo firmemente que hay algunas personas cuyos egos necesitan que les den una buena patada para motivarlos.

La conclusión es que, si comes mejor, te mueves con regularidad y duermes bien, serás un mejor cónyuge, un mejor padre, un mejor empleado y un mejor líder. Entonces, podría argumentarse que permitir que tu ego te ayude a tomar mejores decisiones de salud (y profesionales) es un acto de *abnegación*. Sí, ya lo dije.

Es hora de comenzar a replantear tu mentalidad sobre la palabra ego para verlo como una herramienta en lugar de algo que evitar.

Tu ego jamás deberá ser tu máxima prioridad. No confundas el mensaje que quiero transmitir. Lo que estoy diciendo que es una verdad innegable que nuestros egos no quieren verse avergonzados; quieren vernos ganar y podemos usar eso a nuestro favor.

Tu ego está ahí y no va a desaparecer. Por lo tanto, hay que aprovecharlo al máximo. Entrénalo para que trabaje para ti en lugar de tú para él. El ego es "yo" y ¿adivina qué? Ese mismo "yo" es quien se encarga de aprovechar al máximo (o al mínimo) tu vida. No depende de tu educación ni de tus padres; no depende de tu cónyuge ni de tu jefe. Depende de "yo". Repite después de mi:

> **Solo yo soy responsable de fortalecer mi ego reclutando a otros para que me responsabilicen de alcanzar mis metas.**

Después de todo, tú y solo tú eres responsable de tu vida (¡tú y nadie más!). Por lo tanto, no te avergüences de admitir lo que quieres. Simplemente responsabiliza a tu ego sacándolo de tu cabeza.

En el próximo capítulo, hablaremos sobre el tipo de personas que necesitas en tu vida para ayudarte a lograrlo con más precisión y menos frustración.

CREO ABSOLUTAMENTE
QUE LAS PERSONAS,
A MENOS QUE SEAN
ENTRENADAS, NUNCA
ALCANZAN SU MÁXIMO
POTENCIAL.

BOB NARDELLI

OCHO

ENCUENTRA MENTORES O CONFORMARTE CON "ASÍ ESTÁ BIEN"

Los bolos, por lo general, evocan ciertos pensamientos en las personas: fiestas de cumpleaños para niños, chicos gordos, camisas de mal gusto y tal vcz *El Gran Lebowski*. No es mi caso. Para mí, jugar a los bolos fue algo normal desde que tenía tres años. A mis padres les encantaba jugar a los bolos, lo hacían semanalmente, así que naturalmente me enamoré del juego.

Practiqué cuatro deportes durante la secundaria: baloncesto, fútbol, béisbol y bolos. Era bueno en todos ellos, pero no era *excepcional* en ninguno, excepto en los bolos. Déjame decirte que jugaba muy bien. Por un tiempo, incluso consideré convertirme en profesional.

Pero no quería renunciar a ningún otro deporte, así que continué practicando los cuatro. Si me hubiera concentrado en solo uno, lo más probable es que hubiera conseguido una beca y hubiera seguido jugando después de la universidad.

Cuando intentas concentrarte en demasiadas cosas a la vez, eso crea, irónicamente, lo opuesto a "concentración". El resultado es que será difícil alcanzar la excelencia.

Puedes ser *bueno* en muchas cosas. Esto fue cierto para mí cuando dejé la Casa del Wafle para convertirme en emprendedor. Llegó un momento en el que dirigía una agencia de seguros, una compañía hipotecaria y una empresa de bienes raíces. Luego, un día, tuve una epifanía:

Todos mis negocios están funcionando bien, pero ninguno de maravilla.

Después de considerarlo un poco, decidí tomar el camino de los seguros debido al aspecto residual de la industria. En el sector inmobiliario e hipotecario, solo se es tan bueno como el último mes. Quería construir algo que proporcionara ingresos independientemente de si estaba en la oficina o en un yate.

No me cabe duda de que podría haber sido excelente en cualquiera de esos sectores, pero no se puede jugar a los bolos en tres carriles a la vez, ¿no? Tuve que elegir un carril. Tenía que decidir lo que quería y darle toda mi atención.

Al sol de hoy, no he visto un atleta que sea el mejor del mundo en más de un deporte. Algunos lo han intentado, pero simplemente no se da. Cuando me di cuenta de ello, decidí que, si quería ser el mejor, necesitaba abordar mi negocio como un deporte.

En el apogeo de su carrera, nunca se vio a Usain Bolt entrenar todo el día en pista y campo y luego dirigirse a la piscina para practicar su estilo espalda toda la noche. Los atletas de mayor élite eligen un carril (un nicho) y luego se convierten en los mejores en ese carril.

Eso es también lo que hacen las personas más exitosas en los negocios, con la ayuda de algunas personas clave.

AQUELLO QUE TIENEN TODOS LOS CAMPEONES

Usain Bolt ganó su fama al convertirse en el hombre más veloz del mundo. Probablemente ya no necesitaba un entrenador estando en ese punto, ¿verdad? ¿Cuánto más veloz se puede llegar a ser siendo ya el más veloz?

Usain Bolt no lo ve de esa manera, por *eso* se convirtió en el hombre más veloz del mundo. Cuando se le preguntó sobre la importancia de su entrenador y mentor de toda la vida, Glen Mills, Bolt dijo una vez: "Siempre ha tomado las decisiones correctas para mí. Es la luz que guía mi carrera y me ha mostrado el camino para mejorarme como persona y como atleta".

En los deportes profesionales, la diferencia entre ser el jugador número uno del mundo (reconocido por todos) y estar entre los 100 mejores (reconocido por muy pocos) es a menudo una cuestión de meras milésimas, metros o milisegundos.

> **Esa es la pequeña diferencia entre el mejor y los demás.**

No es diferente con tu profesión. Es probable que haya miles de personas haciendo lo que tu estás intentando hacer de tu vida. ¿Cómo destacarse en un mar de ofertas similares o incluso casi idénticas?

Quizás pienses que los mejores tienen suerte. Tal vez al escuchar una historia de éxito piensas que *"ese tipo debe haber tenido mucha suerte"* o quizá que *"estaba en el lugar correcto en el momento correcto."*

Excusas todas. Ese es tu ego admitiendo la derrota y tratando de justificar tu fracaso después de numerosas ocasiones en las que voluntariamente abandonaste tus metas tácitas.

Si lo analizas, te darás cuenta de que en cada historia de éxito hay un elemento en común. Aquel elemento fue el que marcó la diferencia entre sobresalir y ganar reconocimiento para sí y ser como cualquier otra persona.

¿Ese elemento? *Un entrenador.* Los coaches y mentores te dan valiosas ventajas que nunca podrías conseguir por tu cuenta:

1. **Vision.**

   En primer lugar, te brindan una visión única. El coach adecuado puede ver lo que tú no. Estás demasiado cerca para ver la imagen completa. Ellos pueden ayudarte a encaminarte para que des un paso atrás y veas la imagen completa y así evalúes y descubras la mejor manera de avanzar. También saben cómo llegar a donde quieres ir porque ellos ya han llegado. Sin ellos, estás volando a ciegas.

2. **Objetividad.**

   Lo siguiente es la *objetividad*. Cuando se trata de nuestra carrera, no hay nadie más comprometido con ella que uno mismo. Eso es bueno, pero también puede ser problemático. Ese problema surge de una palabra: emoción. La emoción todo lo nubla y tiene la capacidad para sabotear tus mejores esfuerzos. Los coaches ofrecen consejos imparciales y objetivos que pueden ayudar a vislumbrar los pasos en falso de manera más rápida y efectiva.

3. **Perspectiva.**

Otro beneficio de tener un coach es la *perspectiva*. Si solo confías en una visión, tu visión, estás limitando tu potencial severamente. Un coach obliga a pensar de una forma que nunca lograríamos por nuestra propia cuenta. El coach adecuado puede brindar una perspectiva capaz de ayudar a evitar errores costosos. Las pequeñas correcciones a mi rumbo por parte de un coach han puesto innumerables dólares a mi bolsillo. Gracias a ellos, he reconfigurado mi forma de pensar y he logrado centrarme en problemas reales (en lugar de las crisis percibidas creadas por mi ego).

4. **Aliento.**

Los coaches son sus fuentes más importantes de *aliento*. Te empujan y te desafían. Ni siquiera los líderes natos son inmunes a los tropezones, las tristezas y los destructores de motivación que afectan a todos los demás.

Como espectadores, creíamos que Usain Bolt había alcanzado su punto máximo. Nuevamente, ¿cuán más veloz se puede llegar siendo "el más veloz"?

Bueno, esto es lo que su entrenador dijo al respecto en una entrevista cuando Bolt estaba en el apogeo de esta carrera: "Diría que aún no hemos visto lo mejor de él. Creo que es capaz de más…"

El entrenador del hombre más veloz del mundo creía que Bolt podría ser más veloz. Veía un potencial sin explotar en alguien que, para el resto de nosotros, era tan bueno como se podría llegar a ser. Eso es asombroso e inspirador.

Cuando creas que ha hecho todo lo que está a tu alcance, un coach sacará de ti más de lo que creías que había. Cuando sientes que has llegado a la cima, un coach te revelará el camino hacia el siguiente nivel.

PAGA O NO TE MOLESTES

Si quieres aprender a ser el mejor en algo, ¿qué debes hacer? Buscar a alguien que ya sea el mejor y hacer lo que esa persona hizo. Esto en realidad *no* debería ser un concepto innovador para nadie.

Hoy en día, se ven coaches por todas partes, son como las cucarachas de las redes sociales. No se puede entrar a las redes sociales sin que salga publicidad para un coach que tiene todas las respuestas. Tal vez las tenga, tal vez no. En lo que esos anuncios *sí* tienen razón es que ningún coach con una capacidad genuinamente transformadora tendría por qué ayudarte gratis.

Recuerda, las únicas personas de las que puedes tener expectativas son aquellas a quienes les pagas y tú mismo. Si no le pagas a tu coach o mentor, no tienes derecho a esperar resultados de su tiempo o esfuerzos juntos.

Gratis no te va a ayudar. ¿Alguna vez te han dado una lección gratuita de golf o tenis? Si eres como yo, de esas lecciones habrás obtenido precisamente lo que invertiste: nada. He recibido múltiples lecciones de golf gratuitas y sigo siendo un golfista terrible.

Pagamos para que nuestro hijo tenga un entrenador de baloncesto de primera categoría. Podríamos haber conseguido mucha gente que lo ayudara de forma gratuita, pero ¿adivinen qué? No habrían sido constantes y no le habrían enseñado lo fundamental. Lo más importante es que no tendría derecho a decir nada al respecto si no lograban que mi hijo mejorara y dejaban de venir a ayudarlo.

Cuando pagas por algo, alguien queda comprometido contigo. Los ingresos de un mentor dependen de que mejores en lo que le estás pagando a esa persona para que te enseñe. Ese es un punto importante que no quiero que pases por alto:

> **Le estás pagando a ese coach o mentor, lo que significa que esa persona es tu empleado.**

La gente trata a los mentores como si fueran más grandes y mejores que ellos, pero no lo son. Son un empleado. Eso también significa que ellos no dictan las reglas, eres tú quien las dicta. Debes poder decirles: "Esto es lo que espero. De lo contrario, no hay trato".

No te están haciendo un favor al permitirte pagarles por capacitarte. Una y otra vez he visto personas que cometen el error de sentirse afortunados porque un coach los "eligió" para ser parte de su grupo de capacitación. No es así. Les estás pagando por un servicio, lo que significa que tienes derecho a tener expectativas.

Cuando se trata de capacitarte, la regla general es "paga poco, recibe poco". No les estás pagando unos honorarios, estás invirtiendo en ti mismo.

Hubo un prominente hombre de negocios a quien conocí y quería como mi coach. Un día lo llamé y le dije: "Quiero aprender todo de ti".

El problema era que él no estaba en el negocio del coaching ni de dar mentorías. "La verdad es que no estoy para que me contraten", fue su respuesta.

No lo pensé ni un segundo. "Todo el mundo está para que lo contraten. ¿Cuánto me va a costar?

Le dije que podía poner el precio. Me respondió con una cifra que estoy seguro que él pensó que me haría salir corriendo tan rápido como pudiera. En cambio, no lo dudé.

"¿A dónde envío el cheque?" Pregunté.

Sorprendido, pero impresionado, finalmente cedió y me advirtió: "Si vamos a hacer esto, espero algo de ti. Cualquier cosa que te diga que hagas, la haces siempre que sea legal. Si no lo haces, me retiro".

Accedí, pero también tenía mi propia condición. "De acuerdo, pero también espero algo de ti. Cuando te llame, atiendes el teléfono. Si te voy a pagar todo este dinero, necesito acceso a ti. ¿Puedes estar disponible para mí?"

"Por esa cantidad de dinero, sí".

Tienes que ser sincero con los mentores de esa manera. He estado en muchos seminarios en los que un tipo de traje vende la quimera desde el escenario. El problema es que la mayoría de "coaches" no cumplen. Su objetivo final es recibir tu dinero. Tienen lo que necesitan de ti, se aprovecharon de ti. Claro, te tirarán algo de contenido para tratar de hacerte sentir que estás recibiendo aquello por lo que pagaste, pero tú sabes que no es así.

Los mejores mentores y coaches pagaron caro por su conocimiento y ahora ese conocimiento es precioso. Sigo confiando en mis mentores pagos para que me ayuden a llevar mi negocio a nuevas alturas, desarrollarme como persona y fomentar la Psiquis del Éxito. Ni siquiera estarías leyendo este libro ahora de no ser por mis mentores pagos. Por lo tanto, comprométete a pagar por el coaching.

Tienes que invertir en él, pero también debes encontrar el *adecuado*. No te molestes en conseguir un coach a menos que tenga las características en la siguiente sección.

BUSCA LOS RASGOS CORRECTOS

De pequeños, tuvimos entrenadores y maestros. En la adolescencia tuvimos entrenadores y maestros. Fuimos a la universidad y ¿qué había allí? Lo adivinaste: entrenadores y maestros.

De repente, una vez que nos graduamos, el mundo decide que ya no necesitamos entrenadores ni maestros.

No sé ustedes, pero yo tenía exactamente nada resuelto a los veintiún años. De hecho, nunca hubo un momento en mi vida en el que necesitara más de un maestro; sin embargo, se esperaba que resolviera todo por mi cuenta.

Se espera que creemos negocios y encontremos la carrera de nuestros sueños sin ayuda alguna. ¡Esto es una locura!

Nunca habrá un momento en tu vida en el que necesites una guía más de lo que la necesitas en este momento. Sin embargo, como todo lo demás por lo que pagas en la vida, no todos los coaches son iguales. Entonces, ¿Qué tipo de coach necesitas para ayudarte a alcanzar tu versión única de éxito? Aquí están las cuatro cualidades principales que debes buscar en un coach.

1. Deben Que Tener Un Nicho.

En primer lugar, necesitas una persona que sea experta en el campo en el que deseas convertirte en experto. En la escuela, cada maestro o entrenador tenía su nicho específico.

Es por eso que no necesita un *coach de vida*, necesitas un coach de nicho.

Cuando contraté a mi primer mentor (el que "no estaba para que lo contrataran"), lo encontré después de preguntarle a todos mis conocidos "¿Quién es el mejor del sector?" El nombre de esta persona surgía constantemente. Sabía que cuando me dijo "no estoy para que me contraten", no estaba tratando de venderse conmigo. Era yo quien estaba tratando de venderse con él y eso me hizo quererlo aún más como mi coach.

Si contratas a un coach genérico de éxito, obtendrás resultados genéricos.

Si te encuentras en una industria específica, busca a alguien que tenga las respuestas para tu industria. ¿Contratarías a un coach que se especialice en salud y fitness para hacer crecer tu empresa tecnológica? Podrías hacerlo, pero no vas a obtener las respuestas específicas que necesitas.

Encuentra un coach cuyos éxitos en tu industria sean de tu admiración. Has visto de dónde vienen y lo que han logrado, y quieres lograr lo que ellos. Esos éxitos te inspirarán y también te brindarán algunos puntos de referencia específicos como guía.

2. Deben Ser Honestos Contigo.

Un buen coach siempre te dirá las cosas como son. Te llamarán la atención y serán completamente honestos contigo. No se les paga para que hagan crecer lo que eres, se les paga para que te desarmen y hagan una mejor versión de ti.

Necesitas escuchar comentarios como, "¡Deja de esconderte! ¿¡Qué estás haciendo!?"

A los entrenadores deportivos se les pagan millones de dólares para que desarmen a los jugadores y los reconstruyan. No están ahí para consentir el ego de los jugadores diciéndoles que son un gran delantero, que son guapos y talentosos, que sigan haciendo lo que están haciendo.

Eso no es lo que un gran entrenador hace.

Puedes comprar más libros sobre el éxito después de este y créeme cuando te digo que conozco los beneficios de un buen libro. Sin embargo, un libro no sustituye a un coach. Un libro no puede detenerte y responsabilizarte. Un libro no puede darte una buena patada cuando la necesitas ni retroalimentación honesta que te haga crecer.

3. Deben Permitirte Establecer Expectativas.

Hablando de libros, tampoco puedes hacerte grandes expectativas de estos. Puedes esperar que un libro te proporcione ideas que luego serás responsable de ejecutar, idealmente bajo la meticulosa guía de un coach o mentor.

Los coaches por los que vale la pena pagar confían lo suficiente en sus habilidades como para permitirte establecer algunas expectativas para ellos. Si un coach no está dispuesto a cumplir con algunas reglas básicas, ese no es el adecuado para ti.

Yendo un paso más allá, tienen que permitirte verificar si esas expectativas se están cumpliendo. Por supuesto, deberían darte retroalimentación tanto positiva como negativa a medida que avances, así como tu deberías poder hacer lo mismo.

Cuando encuentras un coach que no tiene ningún problema con eso, habrás encontrado una persona que vivirá el viaje contigo y estará de tu lado. No querrás a alguien que te conecte a su "sistema" genérico y trate de usar contigo exactamente la misma fórmula que aplicó con la última persona. No eres un número y tu definición de éxito es única. Si tu coach no está dispuesto a reconocer eso, entonces no es el adecuado para ti.

4. Deben Encajar con tu Estilo.

Este libro es mi perspectiva sobre el éxito porque se basa en mi propia experiencia y forma de pensar, por lo que estos conceptos no les funcionarán a todos y soy consciente de ello. De hecho, espero que así sea porque todos somos muy diferentes.

Puedes leer el mismo capítulo dos veces y concluir algo completamente diferente según tu estado de ánimo y lo que esté sucediendo en tu vida en ese momento. Es por eso que tienes que preguntarte qué es lo que realmente buscas en un mentor o coach.

En mi caso, busco alguien con una personalidad similar a la mía; alguien que piense de la manera que yo pienso. Por lo tanto, hay algo que puedo decir sobre todos mis coaches a lo largo de los años: he podido verme reflejado en sus experiencias, ensayos y errores. Sus historias de éxito me conmueven y siento que también podría ser mi historia.

Si das con alguien que tenga un estilo que puedas emular, puedes hacer que el camino sea un poco mejor o al menos más sencillo. No es prerrequisito tener un coach con una personalidad similar a la tuya, pero puede ayudar a mejorar los resultados.

APRENDE A NEGOCIAR

Hay una habilidad que necesitarás antes de contratar a tu próximo coach. Me refiero a la capacidad de negociar.

Algunas personas parecen nacidas para regatear, mientras que para otras es una pesadilla. No me refiero regatear precios. Me refiero a "regatear" sobre las expectativas apropiadas y a sentar las bases adecuadas.

Piensa en el último coach que hayas contratado. Imagínate si te hubieses dicho: "Vamos a trabajar por noventa días y miramos si somos compatibles."

Los mejores coaches no lo dudarán.

Aprende a negociar las cosas que quieres, no lo que están tratando de venderte. Hay quienes estarán dispuestos a trabajar para ti y actuar en lugar de hablar.

Si una persona no está dispuesta a ponerse a prueba durante unos meses para demostrar su valía, de inmediato sospecho que no son hombres o mujeres de palabra. Asumo instantáneamente que no respaldarán su promesa vacía de resultados.

Cuando estás saliendo con alguien, puede llevar algunos meses determinar si existen demasiadas diferencias como para ser adecuados el uno para el otro. Lo mismo ocurre con el coaching. Es por eso que cualquier mentor en el que valga la pena invertir una suma considerable no debería tener problema con que le digas: "Salgamos (por así decirlo) durante noventa días y veamos si esto nos va a funcionar a los dos".

Este tipo de negociación crea un beneficio mutuo para ambos. Si estás contento con el trabajo del coach después de esos noventa días, serás ferozmente leal. Y tu coach sabrá que habrán desarrollado una relación que no solo te beneficiará a ti, pues probablemente le hablarás sobre él o ella a otros.

Cada nuevo empleado que viene a trabajar para mí sabe que tiene noventa días para brillar. Ese tipo de presión es la que saca lo mejor (o lo peor) de las personas. Créeme, los coaches quieren que te quedes con ellos y aquellos realmente motivados aceptarán ponerse a prueba.

Cuando estuve buscando una empresa que me ayudara a crear un conjunto de valores fundamentales para mi empresa, encontré una firma llamada EOS. Quería trabajar con ellos, pero también quería negociar en mis términos el trabajo a realizar.

No quería viajar con todo mi personal a Texas, así que le pedí al fundador que viniera a verme. Estuvo de acuerdo, pero me cobró más. Bien por mí. Si no preguntas, nunca sabrás cuán lejos alguien está dispuesto a ir.

Yo llevé las cosas un paso más. Los honorarios de consultoría de esta empresa son bastante considerables, así que pregunté si había alguna oportunidad comercial o referidos que pudiera proporcionar para que la inversión fuese menor. La fundadora se mantuvo firme. "No hay nada que hacer. Ese es nuestro precio".

Eso me hizo querer trabajar con ellos aún más.

Luego, agregó que ni siquiera tendría que pagar si pensaba que no había valido la pena. No hubo contratos ni pagos por adelantado. Su precio era elevado, pero lo respaldaba con grandes promesas.

No hubo engaños del tipo "Pague en los próximos quince minutos ¡o perderá esta oferta especial!"

No tuve que firmar un contrato de 100 páginas que me obligara durante un año a pagar honorarios colosales cada mes.

No hubo regateo de precios ni "ofertas increíbles" donde supuestamente obtendría $10,000 con tan solo invertir $499.

Ninguna de esas tonterías.

¿Qué podría perder bajo tales circunstancias? ¡Absolutamente nada! Solo había potencial de ganar.

En la Academia de Vendedores (nuestra plataforma de coaching para agentes de seguros), no tenemos contratos. En el momento que desees irte, puedes hacerlo. No queremos que nadie pague por algo a lo que no le ve ningún valor. Si asististe a una presentación y no te gustó, te reembolsamos tu dinero sin hacer preguntas

Debes negociar los términos que deseas desde el principio; luego, comuníquense durante todo el proceso, especialmente si sientes que tu coach no está cumpliendo con su parte del trato. Pero recuerda: cuando haces este tipo de tratos, también debe cumplir tu parte.

Mi mentor, aquel estuvo reacio a serlo, me dijo que yo debía hacer todo lo que él me pidiera o de lo contrario se iría, lo cual me pareció justo ya que sirvió para establecer las expectativas correctas.

La mayoría de las personas temen negociar. En el mundo del coaching existe un extraño estigma donde las personas sienten que están aplicando a un empleo y que, si tienen suerte, el coach aceptará su dinero.

Piensa en cuán ridículo suena.

Deja de permitir que te vendan el "chisporroteo". Consigue todo el "bistec" en el contrato y luego cumple tu parte del trato.

HAY QUE HACER LAS PREGUNTAS CORRECTAS

Negociar no consiste solamente en obtener el precio más bajo posible. Se trata de negociar los términos que te preparen para ganar. Es decir, establecer expectativas y crear un período de prueba para asegurarse de que existen las condiciones adecuadas.

Un coach siempre te dirá que es el mejor, ¿Qué está dispuesto a hacer para demostrarlo? Si tienes que pagarles por adelantado sin derecho a reembolso ni garantías, puedo garantizarte una cosa: ese no es el mejor.

Una de las claves para una negociación exitosa es hacer las preguntas correctas. Una de las principales razones por las que he tenido éxito en mi vida son las preguntas que hago.

Pregunta si estaría dispuesto a firmar un contrato mes a mes o uno por noventa días. Nunca firmes un contrato que te obligará por un año o más sin antes preguntar si hay otra manera. Un año es demasiado, al menos hasta que sepas si la asociación funcionará.

> **No hay pregunta que nunca se deba hacer.**

No importa si es personal. Hazla. Antes de contratar coach, me gusta saber si alguna vez le ha sido infiel a su pareja. Si están dispuestos a engañar a alguien que aman, no tendrán ningún problema en engañarme a mí.

No trabajo bien con personas que están dispuestas a hacer ciertas cosas, así que necesito saberlo antes de pagarles.

No hay pregunta que no haga acerca del negocio de alguien. *¿Cómo lo logró? ¿Cuánto dinero hubo que invertir para llegar al punto de hoy? ¿Cuánto dinero genera ahora? ¿Cuánto dinero ha perdido?*

Toma el contrato y desglósalo minuciosamente. Pregunta en términos puntuales qué puedes esperar. El acuerdo no debe ser solo sobre sus términos, debe haber claridad acerca de lo que se hará por ti y los resultados tangibles que puedes esperar.

Si el contrato no lo deja claro, haz preguntas. Si no quieren responder, es su derecho. ¡Y es el tuyo no trabajar con ellos!

LO QUE SEA NECESARIO

Cuando la gente me pregunta cuántos mentores necesitan, les

digo que tantos como sean necesarios.

Debido a que se necesita un mentor por nicho, es imposible tener solo un mentor mientras se opera bajo la Psiquis del Éxito.

- Tengo un mentor para mi negocio de seguros.
- También tengo un mentor para inversiones inmobiliarias.
- Tengo un mentor para fusiones y adquisiciones.
- Tengo un mentor para mis objetivos de salud y fitness.
- Tengo un mentor para mi vida personal.

Le pago a cada una de estas personas y cada centavo ha valido la pena.

También soy el mentor de mis empleados. Estoy "en el escenario" con ellos todo el tiempo y reciben mi retroalimentación directa. Interactuando con otros mentores, he aprendido lo que yo mismo no debo hacer en calidad de mentor. Cuando veo un estilo o una táctica que me repugna, me prometo no hacerlo jamás.

Por supuesto, siempre habrá gente a la que no le guste mi estilo. Los mejores mentores van a tener detractores. Si tienes detractores, algo estás haciendo bien.

De hecho, me gustan los detractores. En el pasado solía concentrarme en ellos. De 300 comentarios positivos, me concentraba en el negativo. Solía pensar, *¿cómo se atreve a decir algo negativo sobre mí?* Solía borrar el comentario y bloquear al usuario. Ahora, con mucho gusto, converso con ellos para ver si puedo hacerles cambiar de parecer.

No olvidemos el papel del ego en todo esto. Recuerda que cuando un gran mentor acepta trabajar contigo, está poniendo su ego de por medio. Tu mentor no querrá decepcionarte y tú tampoco querrás decepcionarle. Aunque nadie puede realmente "deshacerse" de su ego, puedes reconocer que tu ego está ahí para poder dejarlo a un lado y seguir dejándote enseñar.

Los mejores coaches también se dejan enseñar. Deberías poder darles tu opinión sobre su trabajo. ¿Qué no estás recibiendo de aquello que necesitas? ¿Qué técnicas están usando que te encanten? Si tu coach tiene un ego demasiado grande y no es consciente de ello, no aceptará comentarios. Y ese no es el coach para ti.

En última instancia, tienes que decidir qué quieres en la vida. Ningún coach podrá decidirlo por ti. Debes determinar lo que quieres y luego encontrar un coach que te ayude a conseguirlo.

Tuve que tomar una decisión cuando tenía dieciocho años. Podría haber optado por dedicarme a los bolos profesionalmente. Si lo hubiera hecho, habría encontrado un entrenador que me ayudara a hacer realidad ese sueño. Pero no estaba destinado para ese camino. No estaba destinado a ser "Jay Adkins, jugador de bolos profesional".

Descubrí lo que quería después de mucho buscar en lugares equívocos; el camino me reveló los tipos de mentores que necesitaría. Y, desde entonces, no he parado de buscarlos.

Es reconfortante saber que alguien, en algún lugar, ya ha logrado lo que tú estás tratando de lograr. Alguien más descubrió cómo fallar y tener éxito y puede darte los consejos necesarios para evitar algunos de los obstáculos.

No importa quién sea, de dónde vengas o qué hayas logrado, un buen mentor es un activo comercial invaluable. Zig Ziglar no podría haberlo dicho mejor: "Mucha gente ha ido más lejos de lo que pensaba que podía porque alguien más pensó que podía".

Encuentra a alguien que crea que puedes llegar más lejos de lo que podrías soñar, deja que te ayude a encontrar el camino hacia el éxito masivo.

LA INTENCION SIN
ACCIÓN ES UN INSULTO
PARA AQUELLOS QUE
ESPERAN LO MEJOR
DE TI.

ANDY ANDREWS

NUEVE

DESCUBRE LOS PELIGROS DE LOS MITOS SOBRE LOS OBJETIVOS

La gente se fija una meta. No alcanzan esa meta. Concluyen que están destinados al fracaso. Se rinden.

Enjuague y repita.

Las metas son complicadas. ¿Cuánto es demasiado? ¿Cuánto no es suficiente? Se supone que las metas te exigen, pero se supone que también son alcanzables. Tienen que ser lo suficientemente grandes para *parecer* inalcanzables... pero también factibles y atemorizantes.

No es muy confuso, ¿verdad?

Permítanme continuar e ir al grano: establecer y alcanzar metas no es fácil, al menos no al principio. Afortunadamente, es una habilidad que mejora significativamente cuanto más la practicas. Los objetivos también se vuelven mucho más sencillos una vez que tu Psiquis del Éxito está en su lugar.

Sin embargo, ¿qué son los *mitos acerca de las metas* y por qué escribí otro capítulo sobre las metas después de haber hablado acerca de mi *GPS (Sistema de planificación de objetivos)* en el Capítulo seis? Pues porque los objetivos son demasiado importantes para limitarlos a un solo capítulo. Es hora de ser honesto sobre qué son y qué no son metas. Necesitamos hablar sobre las mentalidades que impiden establecer y alcanzar metas de manera consistente cada trimestre.

Considera esto como una guía preventiva de resolución de problemas para tus objetivos de modo que cuando falles, no recurras a tu anterior programación predeterminada, levantes las manos y concluyas: *¡Lo sabía!*

Hay nueve mitos sobre los objetivos que bloquean el éxito. Como indica el título del capítulo, estos mitos pueden resultar peligrosos si no se disipan mediante un esfuerzo consciente.

MITO 1: ESTABLECER METAS ES LA CLAVE.

Las metas pueden crear una falsa ilusión de éxito cuando se cree que *establecerlas* es lo mismo que *actuar* en consecuencia. Aun así, eso no impide que las personas establezcan metas que no tienen la intención de perseguir.

No existe casi nada más agotador que cuando esos objetivos no se logran mágicamente por sí mismos. Es profundamente desmotivante ver cómo los objetivos se desvanecen sin cumplirse.

Es por eso que *establecer* una meta no es suficiente. El acto de elegir una meta es solo una pequeña pieza del rompecabezas. He conocido a muchas personas infelices e insatisfechas que se fijaron metas. De hecho, establecer metas y luego no alcanzarlas es una de las formas más rápidas de impedir el desarrollo de tu Psiquis del Éxito.

Puedes evitar la trampa de establecer metas y no *perseguirlas* activamente si desarrollas un sistema. Todo lo que funciona bien y produce resultados en mi vida lo hace porque se ejecuta sobre un sistema. Por lo tanto, no debería ser sorprendente que establezca metas de manera sistemática. Como discutimos en el Capítulo Seis, este es mi sistema:

- Creo de cuatro a siete objetivos comerciales y de cuatro a siete objetivos personales cada noventa días.
- Diseño un tablero de visión para ambos en www. PhotoCollage.com.
- Imprimo mi tablero de visión comercial, lo coloco en el espejo del baño y como fondo de pantalla en mis dispositivos.
- Imprimo mi tablero de visión personal y lo pongo en el refrigerador.
- Planifico las GPAs (Actividades Productoras de Metas) exactas requeridas para alcanzar mis metas.
- Programo esas GPAs en mi calendario como una cita recurrente.
- Escribo mis metas diarias todas las mañanas durante mi mapeo mental.
- Evalúo mi progreso todos los lunes y hago los ajustes necesarios.
- Mi familia sostiene una reunión semanal todos los

domingos para discutir nuestras metas personales/
familiares.

- Corro cualquier meta no cumplida al próximo trimestre
como máxima prioridad.

Sé que este sistema puede no funcionar para todos, pero a mí me
ha cambiado la vida. Lo más importante es desarrollar un plan que
tenga en cuenta tus objetivos. Si estableces metas y actúas en consecuencia a diario, obtendrás grandes beneficios. Eso es un hecho
innegable. Ahora, si eliges no tomar medidas, tendrás una lista de
deseos inútil en lugar de metas.

MITO 2: FRACASÉ PORQUE EL OBJETIVO ERA DEMASIADO DIFÍCIL.

Si no logras alcanzar una meta dentro de los noventa días, está bien
e incluso es de esperarse (de vez en cuando). El problema es que la
mayoría de la gente se da por vencida.

En lugar de rendirte, vuélvete un detective. Averigua por qué fallaste. No aceptes ninguna pérdida al pie de la letra porque siempre
hay más detrás de los hechos. ¿Qué significa que no logres alguno
de tus objetivos? Entre otras cosas, podría significar que no:

1. Hiciste un recordatorio diario o no hiciste la evaluación
   semanal.
2. Modificaste tu objetivo en función de tu progreso a
   medida que el trimestre avanzaba.
3. Basaste tus acciones diarias en torno a ese objetivo lo
   suficiente.

4. Priorizaste tus metas.

Cualquier objetivo que no logre alcanzar en un trimestre, lo llevo a la parte superior de la lista de prioridades de los siguientes noventa días. Debe tener las prioridades para cada trimestre porque es imposible dar a todos tus objetivos el mismo peso o importancia. Ésta es otra razón por la que "menos es más" cuando de objetivos se trata. Permíteme hacerme entender a través de una pregunta:

> *¿Qué sería más alentador para tu psiquis: establecer cuatro metas y lograrlas todas o establecer ocho metas y lograr solo la mitad?*

Es mucho más fácil priorizar una lista corta. Mantente enfocado al máximo cada trimestre para que puedas lograr *todos* tus objetivos y comienza de nuevo al siguiente trimestre. Esto promueve una sensación de logro que actúa como un significativo motivador que crea ímpetu.

¡Los resultados motivan a tomar acción!

En la mayoría de los casos, la verdadera razón subyacente para no haber alcanzado una meta es que no era tu prioridad. Entonces, tienes que preguntarte a a ti mismo: *¿Por qué la incluí dentro de mis objetivos si no tenía la intención de perseguirla activamente?*

A través de preguntas honestas como esa es que se diferencian las metas de las quimeras

MITO 3: LOS SUEÑOS SON METAS.

Si una meta se traslada una segunda o una tercera vez, entonces es hora de considerar que esa no es una meta, o al menos no una de máxima prioridad para ti en esta etapa de tu vida. Entonces, deberás reevaluarla y preguntarte "¿Esta es realmente una meta o es solo un sueño?".

Los sueños que tienes cuando duermes no son alcanzables. Te despiertas y ya no existen. *Quiero un Bugatti en noventa días* es un sueño divertido. Sin embargo, ese es un objetivo inmaduro, uno que naturalmente no conlleva a tomar acciones viables.

Prueba tus límites un poco, pero se realista. Las metas deben ser alcanzables, pero también deben hacerte sentir incómodo. Si la gente no se burla de tus metas, entonces no son lo suficientemente grandes. Los detractores deben responder a tus objetivos con: "Sí, seguro. Eso nunca va a suceder".

Algo que mencionar aquí es que los sueños aún importan y no están para ser ignorados, más no confundas los sueños con las metas. No lo sueñes. Hazlo.

MITO 4: LA COMPARACIÓN GENERA MOTIVACIÓN.

El mundo nos incita a que compitamos entre nosotros, pero, cuando de comparar metas se trata, la comparación puede hacer que termines persiguiendo la vida de otra persona. Comparar tus metas con las de alguien más causará una de dos cosas: limitará tu potencial o te abrumará.

¿Qué deseas *tú*? ¿Qué es lo que *tú* deseas crear? El camino hacia tu felicidad es tuyo y solo tuyo. No importa cuales sean los objetivos de otras personas.

Michael Jordan no estableció sus metas basándose en lo que otros jugadores de baloncesto hicieron antes que él. Si lo hubiera hecho, solo hubiera sido *tan bueno* como ellos. En cambio, él creó sus propios puntos de referencia, niveles nunca antes alcanzados por otro jugador. Así es como se convirtió en el más grande de todos los tiempos.

Si deseas utilizar el éxito de otra persona como punto de referencia, al menos fija tu mirada por encima de esa persona en lugar de esforzarte por igualarla. Crea tu propia versión del éxito. ¡Abre el camino!

Hasta 1954, nadie creía que un humano pudiera correr una milla en menos de cuatro minutos. Durante años, cuatro minutos fue el estándar aceptado, la última frontera. Eso fue hasta que Roger Bannister recorrió una milla en 3:59.4 un ventoso y lluvioso día en Inglaterra, destrabando así la puerta física y psicológica que todos los que vinieron antes que él creyeron cerrada para siempre.

A mi esposa le encanta el programa de NBC *América Tiene Talento*. Hace algunas temporadas, vi una audición de un grupo de baile cuyos movimientos nunca había visto antes. Si se hubiesen propuesto ser *tan buenos* como los equipos de baile de temporadas anteriores, ni siquiera recordaría su actuación. Sin embargo, ellos crearon su propia versión del éxito y, como resultado, crearon una experiencia inolvidable para los espectadores.

Establece tus metas en función de lo que deseas lograr, no en función de lo que haya hecho otra persona. En lugar de pensar, *"quiero traer diez clientes nuevos al mes como Bob"*, piensa, *"quiero traer quince nuevos clientes al mes… como yo"*.

No lo haces por tu jefe. No lo haces por tu cónyuge. Ni siquiera por tus hijos. En última instancia, tus logros pueden beneficiarlos, pero lo haces por ti mismo.

Es hora de elevar el listón y establecer nuevos estándares

MITO 5: EL ELOGIO GENERA MOTIVACIÓN.

Hay algo sobre el establecimiento de metas que nunca cambia: no puedes confiar en los elogios de los demás para mantenerte motivado.

No esperes reconocimiento, porque puede que no suceda como lo imaginaste. Puede que te digas a ti mismo *"no puedo esperar a escuchar que dice mi esposa sobre este gran logro."*

Luego, se lo cuentas y todo lo que ella te dice es: "Bien hecho".

¿Es todo? ¿Dedicaste todas esas horas por un "bien hecho"?

No puedes predecir lo que alguien va a decir o pensar sobre tus logros. Eso significa que no importa lo que digan o piensen los demás. Lo que tienes que hacer es preguntarte, "¿este objetivo valdría la pena con o sin un cumplido o reconocimiento?" Si la respuesta es sí, entonces es un objetivo que vale la pena perseguir.

¿Y qué pasaría si logras algo que es importante para ti, pero otra persona se burla de ello? Algunos de nuestros semejantes parecen disfrutar derribando a los demás. Tal vez estén secretamente celosos o tal vez solo sean unos desgraciados. Cualquiera que sea la razón, no puedes permitir que se conviertan en tu kryptonita.

> **No dejes que las voces que están *fuera de* tu cabeza se conviertan en las voces *dentro de* tu cabeza.**

La conclusión es que las cosas no funcionan cuando intentamos tener éxito para otras personas. ¿Qué pasa si logras un objetivo y no consigues la respuesta que estabas buscando? Las personas rara vez reaccionan de la forma en que crees que van a reaccionar. Lo he experimentado muchas veces. Cuando le voy a contar a mi esposa o un amigo sobre algún logro, tengo todo un escenario premeditado sobre cómo responderán.

Pero nunca ocurre de esa manera. Nunca.

Como sea, el punto no debe ser la reacción de mi esposa. Debe ser lo que estoy haciendo por mí mismo para convertirme en un mejor esposo, padre, empleador y ser humano.

Como empleador, he sido testigo de cómo el reconocimiento se convierte en una fuerza de desmotivación. Al recibir elogios, algunos miembros de mi equipo han levantado su pie del acelerador, fallando al siguiente trimestre como resultado, justo cuando parecía que lo tenían todo resuelto. Por otro lado, otros miembros de mi equipo se han resentido al no recibir los elogios que pensaban que se merecían.

El reconocimiento basado en expectativas es una pendiente resbaladiza. Debes aprender a estar satisfecho con tu éxito, independientemente de cualquier reconocimiento externo. Deja de buscar lo que otros te darán y esfuérzate por ti y para ti.

MITO 6: HAY ATAJOS.

La forma de lograr el éxito es estableciendo metas y enfocándose en ellas. Bastante simple, ¿verdad? Lo que lo hace más desafiante es ser disciplinado. Por supuesto, el primer paso es crear un sistema o un plan, tal como lo hemos comentado. Pero, como dijo una vez Mike

Tyson, "todo el mundo tiene un plan hasta que recibe un puñetazo en la boca".

Los puñetazos en la boca van a venir. Si aún no te han dado un puñetazo en la boca, entonces dudo que estés persiguiendo activamente metas significativas. Si estás decidido a lograr un objetivo en particular, debes estar dispuesto a hacer lo que sea necesario.

No hay atajos en la vida. Si deseas que las cosas sucedan, es hora de ser productivo. La gente piensa erróneamente que es productiva porque está ocupada, cuando lo que realmente están haciendo es *parecer ocupados*.

Pregúntate: *¿Estoy haciendo cosas en frenesí o realizando actividades que produzcan metas?*

Haz las cosas que no quieras hacer. Jugar en tu teléfono en lugar de leer un libro no te llevará a nada. Apagar la alarma por quinta vez en lugar de levantarse y comenzar el día no te llevará a nada.

> **Todo aquello que no quieres hacer, es lo que necesitas hacer.**

Las cosas difíciles son las que te cambian. Esas son las cosas que te dispararán hacia tus metas y tu éxito.

Se necesita mucho esfuerzo para sentarse todas las mañanas a planificar acciones que no sean una pérdida de tiempo. Pero, ¿cuál es el punto si no lo haces? ¿Por qué seguir funcionando sin un **GPS**?

He aquí un pequeño secreto: no me gusta escribir las cosas. No me gusta hacerlo y así es como sé que tengo que hacerlo. El legendario gurú de la salud y el fitness Jack LaLanne dijo una vez: "Si sabe bien, escúpelo". Pienso exactamente lo mismo sobre los quehaceres: *si es fácil, no lo hagas. Si no quieres hacerlo, hazlo.*

Cuando no tengo ganas de subirme a la bicicleta estática, me subo. Cuando no tengo ganas de leer, leo. Cuando no tengo ganas de levantarme temprano en la mañana, me tiro de la cama.

> **La sensación de *no* querer hacer algo es mi detonante para hacerlo.**

¡Encuentra tu detonante! Nada más recuerda: encontrar tu detonante requiere que permanezcas en el momento presente. La mayoría de la gente vive para el futuro, podrás notarlo en su forma de hablar:

No veo la hora de que llegue el fin de semana.

No veo la hora de mis próximas vacaciones.

No veo la hora de que este proyecto termine.

Vivimos tan inmersos en el futuro que desperdiciamos el presente.

Parte del problema es nuestra cultura de gratificación instantánea. Como sociedad, lo queremos todo ya. Una meta que valga la pena no va a ser instantánea, pero te diré lo que *sí* puede ser gratificante al instante: esforzarte justo en el momento en que no quieres hacerlo.

Siempre que tengo esa sensación de que por nada en el mundo quiero hacer algo, es mi detonante para actuar y siempre me alegro de haberlo hecho. Me siento realizado y productivo, eso crea el *ímpetu* que necesito para enfrentar mis mayores desafíos.

Aquí hay otra diferenciación crítica: *impulso* no es lo mismo que ímpetu. El impulso viene y se va. Todo lo que tienes que hacer es parar y todo ese impulso se pierde. ¿Pero el ímpetu? Eso es lo que te pone en movimiento de nuevo, incluso cuando te sientes pegado en tu sitio.

La desafortunada tendencia que tienen la mayoría de los humanos es posponer las cosas. Miramos una meta con una ventana de noventa días y pensamos: *Genial, tengo tres meses completos para hacer esto.*

Pasa el primer mes, nada.

Pasa el segundo mes, nada.

Llegamos al último mes (o la última semana del último mes) y tratamos febrilmente de alcanzar la meta. Inevitablemente, fallamos. ¿Qué efecto tiene eso en nuestra psiquis? ¡La aplasta!

Disciplina y constancia son las herramientas necesarias para romper este círculo vicioso. Aborda tus objetivos poco a poco, de la misma manera que comerías un elefante, y lograrás hacer una infinidad de cosas a medida que pasa el tiempo. Verás un efecto compuesto y la recompensa será increíble.

Solo tú notarás el cambio al principio. Luego lo verá tu familia. Luego se darán cuenta tus compañeros de trabajo. Eventualmente, el mundo entero lo notará. Para entonces, tu vida y tu camino habrán cambiado para siempre y te darás cuenta de que el momento presente es donde todo tiene lugar.

MITO 7: LA ZANAHORIA ES MEJOR QUE EL PALO.

¿Habrá consecuencias por no alcanzar tus metas? Si no hay consecuencias, arrepentimiento es lo único que experimentarás tras fracasar. El arrepentimiento es una consecuencia poderosa, pero también es des motivante, hace eco directamente con nuestra programación para el fracaso.

La gente tiende a creer que las recompensas (zanahorias) son más motivadoras que las consecuencias (palos). Pero en realidad, necesitas ambos. Establécelas, cuéntale a los demás las consecuencias de no alcanzar metas específicas. Haz que duela. Si no alcanzas una meta, no sales a cenar. Si no alcanzas una meta, no te vas de vacaciones. Si estableces consecuencias que afectarán a otros (como no irse de vacaciones en familia), asegúrate de que haya un consenso entre los afectados.

Cuando le dices a un niño que habrá consecuencias por portarse mal o por no hacer su tarea, pero no le cumples, ese niño sabrá que no hablas en serio. En el futuro, tu hijo o hija no tendrá ímpetu para comportarse. De manera similar, cuando no logras una meta y no hay consecuencias, tu cerebro reconoce que el fracaso es aceptable y de esperarse.

Debe haber consecuencias cuando no cumple tus promesas a ti mismo. Si te encuentras en uno de esos momentos, aquí hay algunas preguntas clave que debes hacerte:

1. ¿Qué me costará no alcanzar mis metas?
2. ¿Cómo me afectará y quién más se verá afectado?
3. ¿Qué será de mi vida si fallo y me rindo?
4. ¿Qué será de mi vida si tengo éxito?
5. ¿Cómo el éxito ayudará en la construcción de mi carácter y mis relaciones?
6. ¿Cómo mejorará el éxito mis finanzas, salud y felicidad?

7. ¿A quién puedo inspirar a crear su éxito creando el mío propio?

No dejes que tu cerebro se vuelva complaciente. Oblígate a un conjunto de estándares más altos responsabilizándote. Ya que eres un *terrible* socio de responsabilidad para ti mismo, cuéntales a otras personas sobre las consecuencias y deja que te ayuden a ser una persona de palabra (también conocida como tu ego).

MITO 8: LA MOTIVACIÓN PROVIENE DE LA INSPIRACIÓN EXTERNA.

¿Qué te motiva? ¿Lo sabes tan siquiera? No estoy preguntando qué inspira a tu familia o qué motiva a tus amigos o tu influencer favorito de Instagram. No puedo motivarte, tu cónyuge no puede motivarte. La motivación viene de adentro. De hecho, el objetivo de este libro no es motivarte, sino *inspirarte*.

> **La inspiración proviene del *exterior* en un esfuerzo por cambiarte por *dentro*.**

En última instancia, la motivación proviene de adentro y la forma en que te motivas es actuando. Si esperas a estar motivado para actuar, probablemente nunca lo harás. Si no actúas, no vas a ver resultados y los resultados son justamente lo que nos motiva. Actuamos... vemos un resultado... el resultado nos anima a continuar. Es contradictorio, pero así es como funciona.

Una diferencia notable entre las personas exitosas y las fracasadas es que las personas exitosas no se desmotivan cuando experimentan el fracaso tras haber actuado. Por el contrario, ese fracaso los motiva a continuar.

¿Te revuelcas en el fracaso o perseveras para superarlo?

Tienes que descubrir no qué te motiva, sino qué te *inspira*. Entonces, serás responsable de tomar esa inspiración, interiorizarla y tomar la acción que conducirá al resultado. La motivación es temporal, lo que significa que tu ímpetu para actuar debe provenir de una fuente dentro de ti.

El fracaso es un sistema de creencias subconsciente del que debes liberarte. Cuando te eres consciente del momento presente y actúas, el fracaso permanente no será tan siquiera una posibilidad. Puede que te encuentres con el fracaso en el camino, pero no te detendrá en seco. Recoges los pedazos, te sacudes y sigues para adelante.

MITO 9: ALGUNOS FRACASOS ESTÁN FUERA DE MI CONTROL.

Siempre que fallas, solo hay una razón: tú.

Nadie más puede crearte un fracaso. Culpar a la economía es una excusa. Se puede culpar a la pandemia, pero es solo una excusa. Si culpas a tus empleados, pues tú los contrataste, los capacitaste y aceptaste algo menos que "excelencia". Entonces, ¿de quién es la culpa?

Hay una verdad universal en la vida que debes escuchar, comprender y aceptar: los *solucionadores de problemas se llevan todo el dinero*. Me refiero a inventores, visionarios, presidentes y directores ejecutivos. Los solucionadores de problemas ganan, mientras que los creadores de problemas se quedan en la ruina y la decepción.

Los creadores de problemas siempre trabajan para otra persona porque no pueden (o no quieren) trabajar de forma independiente. Si lo hicieran, no tendrían a nadie más a quien culpar por sus fracasos.

Asume tus fracasos. Debes asumir la responsabilidad porque esa es la única forma en que podrás tomar el control de tu destino. Si no haces las preguntas correctas y no eres honesto contigo mismo, no podrás tomar el control de tu presente ni de tu futuro. Pregúntate:

¿Qué me motiva?

¿Qué me inspira?

¿Qué me gustaría crear en mi vida?

¿Cómo es mi futuro ideal?

A medida que alcances tus metas trimestre tras trimestre, no olvides que las grandes cosas requieren tiempo. Las hermosas obras maestras y las grandes maravillas arquitectónicas del mundo tardaron años en completarse. Los atletas que tienen cuerpos esculpidos y habilidades sobrehumanas trabajan incansablemente para lograr esos resultados. Las personas que construyen negocios multimillonarios dedican incontables horas, sangre, sudor y lágrimas para alcanzar ese nivel de grandeza,

e incluso entonces, siguen fallando continuamente. Estos solucionadores de problemas simplemente no se quejan de ello constantemente, es por ello que no somos conscientes de sus errores (cosa que no puede decirse de los creadores de problemas, ellos siempre se quejan).

Lo único que puedes controlar es el hecho de que siempre puedes soñar. Puede que un sueño no sea lo mismo que una meta, pero los sueños pueden ayudarte a crear metas que sirvan para hacer realidad tus sueños.

Si buscaras en Google "técnicas para establecer metas" en este momento, te verías inundado de consejos, algunos excelentes, otros no tan buenos y otros terribles. Todas las respuestas que puedas necesitar sobre cómo alcanzar tus objetivos ya existen en algún lugar. Sin embargo, cada vez son más las personas que tienen problemas para lograr sus objetivos. ¿Qué es lo que causa tal desconexión entre conocimiento y logro? Algunas razones pueden ser:

- Hay demasiadas opiniones (parálisis de análisis).
- Hay demasiados detractores en nuestras vidas que nos menosprecian y nos disuaden de tomar riesgos (perpetuando así nuestra programación al fracaso).
- Hay demasiados farsantes (personas que muestran imágenes falsas de éxito).

Vivimos en un mundo falso y maquillado que está inundado de negatividad. Combina eso con las creencias limitantes que tienes arraigadas desde la infancia y tendrás una batalla cuesta arriba para lograr hacer lo correcto y tomar acciones.

¿Conoces el mejor remedio para la falta de acción? Es la acción.

Lo sé, parece un poco obvio, ¿verdad?

Entonces, ¿por qué no lo haces? Este libro trata sobre mucho más que una forma de pensar: Se trata de tomar acciones masivas, de hacer en lugar de hablar.

¿Vas a fracasar en la consecución de tus objetivos? Puedes apostar que sí. Acéptalo con brazos abiertos. Y si no duele un poco (o mucho), entonces no es una acción que valga la pena tomar. ¡Esfuérzate y tacharás esos objetivos uno por uno cada trimestre!

LA MONEDA DE LAS REDES REALES NO ES LA CODICIA, SINO LA GENEROSIDAD.

KEITH FERRAZZI

DIEZ

PRACTICA LOS NUEVE ASPECTOS FUNDAMENTALES DE LA CREACIÓN DE REDES

Algunos aspectos en los negocios se han mantenido igual a lo largo de los años. Las relaciones siguen siendo el rey. Las sonrisas abren muchas puertas y la integridad es vital para el éxito a largo plazo. Sin embargo, una cosa que ha cambiado en las últimas décadas es la creación de redes, la cual ha cambiado aún más desde la pandemia.

La mayoría de los lineamientos sobre creación de redes que existen en este momento son completa basura. De hecho, han sido basura durante mucho tiempo. Durante años, la gente lo ha entendido de la manera equivocada. Es más que reunirse con un grupo de personas para almorzar e intercambiar tarjetas de presentación, más que hacer seguimiento a una reunión de networking enviando un correo electrónico a un cliente potencial donde le cuentes más sobre ti y lo que haces, más que agregar a alguien a tu lista de LinkedIn, va más allá de darle me gusta a las publicaciones de alguien con quien quieres hacer negocios. La creación de redes debe ser un proceso y también debe ser extremadamente intencional.

La creación de redes exitosas requiere un pensamiento innovador. Es un trabajo a tiempo parcial en sí mismo y que no puedes ignorar o subcontratar en gran medida. Si planeas ser un pilar en tu negocio, debes comprender cómo utilizar correctamente las redes sociales, porque lo que está sucediendo hoy en las redes sociales que la gente llama "networking" es, francamente, un insulto al tiempo y la inteligencia de las personas.

Todos los días, con pereza hago el intento de conectarme a las redes sociales. No puedes crear tus redes de la misma manera que todos los demás y esperar algo valioso a cambio. Debes utilizar herramientas que otras personas normalmente no utilizan. No hay que limitarse a dar "Me gusta" a la publicación de un cliente o cliente potencial; hay que comentar e interactuar con ellos a través de preguntas perspicaces que despierten interés.

Utiliza a tu favor las herramientas que hay disponibles.

¡Inicia conversaciones!

Ten en cuenta que no dije que uses a las *personas* a tu favor. Eso es porque necesitamos dejar las cosas claras desde ya: Las personas no son herramientas. Las personas necesitan tu ayuda y tú la suya. Pero si abordas la vida, toda interacción, bajo la premisa de *¿qué puedo hacer por los demás?* los resultados te asombrarán.

Como sugiere el título de este capítulo, hay Nueve Aspectos Fundamentales para convertirse en un gran creador de redes (networker). Pero todos ellos son inútiles si primero no tomas la decisión de crear relaciones con miras hacia cómo puedes ayudar a las personas, cómo puedes ayudarles personalmente y comercialmente. Piensa en ellos.

1. SE CURIOSO.

La forma más eficaz de entablar relaciones y amistades es "dejar que la gente hable de sí misma" cada vez que sostengas una conversación. Mi abuelo me enseñó esto cuando limpiaba mesas en mi adolescencia. Él me explicó que podía ganar más dinero y causar un mayor impacto al darles a las personas un regalo, no un regalo tangible, sino un sentimiento que se queda en ellos.

Se logra haciendo preguntas.

Conocer a una persona y preguntar algo más que "¿Cómo estás?" no tiene por qué consumir mucho tiempo. No seas tímido, ¡se curioso!

En lugar de solo preguntar qué iban a comer o si deseaban algo más, yo hacía preguntas quedaban a entender a los comensales que los veía como personas y no como una propina. ¬ Mi abuelo me dijo que preguntara qué estaban celebrando y que, si no habían salido por una ocasión especial, les preguntara que les *gustaría* celebrar, qué fue lo mejor de su día, qué esperaban lograr esa semana.

La mayoría de las personas no se preocupan por los demás. Es trágico pero cierto. Si puedes demostrarles a las personas que te importa lo que tienen para decir, estarás muy por delante de los demás. Es una manera increíblemente sencilla de sobresalir porque la mayoría de las personas no luchan contra la tendencia a dejar que sus egos se apoderen de ellos y vuelvan todo acerca de ellos, ellos, ellos. ¬

Recuerda cuando te pregunté en el Capítulo Cinco acerca de la última vez que viste una foto grupal que te incluía y quién fue el primero que buscaste en la imagen. Por supuesto, te buscaste a *ti mismo* y la razón se remonta al ego y, sin embargo, preocuparse por los demás (*realmente* preocuparse) lo es todo en la vida.

Si siempre eres el que hace preguntas, podrás construir relaciones muy rápidamente. ¬ Cada que conozco a alguien, le hago al menos entre cinco y siete preguntas sobre sí mismo.

- Quiero saber a qué se dedican.
- Quiero saber cómo será su día.
- Quiero saber qué cosa cambiarían de aquello a lo que se dedican.
- Quiero saber qué es lo que les encanta de su trabajo.
- Quiero saber cómo ven su futuro.
- Quiero saber sobre su familia.
- Quiero saber qué les gusta hacer para divertirse.
- Incluso les pregunto cuánto ganan en un año (Pregunta atrevida, ¿verdad? Déjame decirte que la mayoría de la gente te lo dirá).

Incluso si no sé nada sobre su pasatiempo o pasión, soy capaz de hacer más preguntas para demostrar que mi curiosidad por saber más es genuina.

Las preguntas son importantes porque recopilan información, pero va más allá de eso.

¿Cómo haces para saber algo si no preguntas? *No se puede.*

Y si no aprendes cosas nuevas, ¿cómo vas a resolver las situaciones que se convierten en obstáculos o barricadas? *No podrás.*

Y es más que preguntar, también es escuchar. Como dijo Steven Covey, "La mayoría de la gente no escucha con la intención de comprender; ¬ escuchan con la intención de responder".

No seas de esas personas que esperan con impaciencia su turno para hablar. Escucha para comprender y aprender. Conviértete en ese tipo de oyente y a la gente le encantará estar cerca de ti. Tal vez ni siquiera sepan por qué, pero querrán hablar contigo una y otra vez. Pero tú sabrás el por qué. Es porque les hiciste sentir que los escuchaste. No los apresuraste para poder intervenir y parecer importante.

Piensa en una de esas raras ocasiones de la vida en que alguien te hizo una pregunta y luego te escuchó atentamente mientras respondías. ¿Cómo te sentiste en aquel momento? Ese mismo sentimiento es lo que hace crecer las relaciones y es el secreto para construir una red de primera.

2. HAZ QUE SE SIENTAN IDENTIFICADOS CONTIGO.

Mis experiencias de vida han sido lo suficientemente ricas y variadas como para permitirme identificarme con casi cualquier persona respecto a algo que les encante, salvo que sus intereses sean muy inusuales. Siempre que sea posible, aprovecha las experiencias de tu vida que puedan verse reflejadas en las de otros. Poder identificarte con los demás, les muestra que estás de su lado, que los *entiendes*. Cuando me relaciono con los demás, soy breve. No entro en demasiados detalles sobre mí a menos que me pregunten.

Piensa cuántas particularidades hay en ti de las cuales muy pocas personas son conscientes. ¡Ese tipo de cosas son interesantes y con las que otros pueden identificarse! Aquí hay una al azar para ti:

Aprendí a manejar un montacargas cuando tenía dieciséis años y trabajé en un aserradero. Estaba cansado de recoger tablas y paneles de yeso. Era un trabajo agotador y había un montacargas ahí sin hacer nada, listo y dispuesto a hacer el trabajo pesado.

Así que solía escabullirme a practicar en la parte trasera de un patio grande.

Me volví tan hábil que finalmente me permitieron manejar el montacargas a diario. Era mucho mejor que el trabajo manual. Había adquirido una habilidad que me hizo la vida más cómoda y que a su vez estaba destinada a serme útil unos años más tarde.

Cuando me enviaron a Dhahran mientras estaba al servicio de mi país, me sentía de lo peor. Finalmente, nos enteramos de que nos íbamos a casa, con una condición. El conductor del montacargas estaba hospitalizado y no podríamos irnos hasta que se mejorara o consiguieran que alguien más manejara el montacargas para cargar todo nuestro equipo.

Rápidamente levanté la mano. "Yo sé manejar un montacargas".

Mi comandante se sorprendió. "Como si eres alguien de TI que trabaja en aviónica. ¿Qué quieres decir con que sabes manejar un montacargas?"

Le respondí: "Aprendí a manejar uno en un aserradero cuando tenía dieciséis años".

"Sí, pero esta es un montacargas industrial".

"No hay problema," dije. "Eso fue lo que aprendí a manejar".

Todos querían llegar a casa tanto como yo, así que me dieron una oportunidad. Trabajé dieciocho horas seguidas en ese montacargas y nos saqué de Arabia Saudita.

He vivido una vida plena, con experiencias únicas, y supongo que tú también. Todos tenemos nuestras versiones de mi historia del montacargas, las cuales podemos usar para relacionarnos y conectarnos con los demás.

Cuando escuchas y luego compartes breves anécdotas (que no tienen nada que ver con tu negocio) y dejas que la gente hable de si misma, se marchan pensando: "Realmente me agrada esa persona".

Puede que ni siquiera sepan por qué les agradas, pero tú sabrás por qué: ¡Les has dado un regalo! Les has permitido hablar de sí mismos, has tenido una conversación agradable que les hizo entender que te importaba lo que tenían para decir.

> **Es cuestión de ser amable. No es tan difícil y es gratis.**

Dedica tiempo a conocer a otras personas y a identificarte con su historia de alguna manera significativa. Cuando te identificas con una persona y te preocupas por su día, ahí es cuando se puede formar una relación genuina (y formarse rápidamente). Ser curioso e identificarse con los demás son dos de las formas más increíbles de acelerar el ritmo en la construcción de una red.

3. SE CREATIVO.

El siguiente aspecto importante de una red eficaz es realizar actividades de seguimiento. Afortunadamente, las redes sociales lo han hecho mucho más sencillo. Es fácil enviar una nota rápidamente a través del perfil de alguien, a la vez que es menos invasivo que los métodos de la vieja escuela. No tienes que llamarles por teléfono (e interrumpir sus ocupaciones), no tienes que enviarles un mensaje de texto y posiblemente enfrentarte a la incomodidad de que no te respondan. Incluso el correo electrónico se ha convertido en un pozo negro de mensajes con basura, mientras que las notas a menudo pueden perderse en las carpetas de correo no deseado.

Ten cuidado de no permitir que la facilidad de conectarse con otros en las redes sociales te adormezca; igual tienes que ponerte manos a la obra. No simplemente envíes una solicitud de amistad. Agrega una nota personalizada e incluye cosas relevantes que conozcas de la persona. Mejor aún, envíales una nota de voz. Una vez conectados, no hay que limitarse a dar "Me gusta" a sus imágenes, comentarios o enlaces. Es necesario aportar algo útil a sus publicaciones.

También soy fanático de enviar mensajes de video cortos, que no tienen que ser extensos o elaborados. Podrías simplemente decir: "Hola, espero que estés muy bien. Sería genial poder verte y charlar, vamos a jugar golf o tomar un café, cenar, etc." Esto es mucho más personal y memorable que un mensaje de texto y te ayudará a destacar entre la multitud.

También me encanta enviarle a mis amigos y contactos un mensaje de cumpleaños. A veces les canto "Feliz cumpleaños". A veces preparo un mensaje de cumpleaños con rap o haciendo beat box. Sea lo que sea, te garantizo que será diferente a lo que envían otras personas.

No temas destacarte por tu creatividad.

4. SE SISTEMÁTICO.

Los mejores a la hora del networking tienen un sistema para cómo se conectan con cada persona. Yo tengo un diario digital de las personas a las que necesito contactar con regularidad. Incluso tengo una lista de personas a las que envío mensajes de texto todos los días y personas que llamo semanalmente.

Suelo programar mis llamadas telefónicas para hacerlas durante mi camino de ida y regreso al trabajo, siento que un gran uso de mi tiempo. Puedo hacer entre cinco y seis llamadas en el camino hacia y desde la oficina.

Cuando hago una llamada, siempre advierto de entrada que solo cuento con unos instantes para charlar. Al otro lado del teléfono están ocupados, tú también lo estás; así que hay que sentar desde el principio el precedente de que se trata de una llamada corta para saludar.

Esto también es importante: no hagas ningún tipo de "pregunta" cuando llames a saludar; simplemente llama para ver cómo le está yendo a la persona.

Crea un sistema para lo que vas a decir y la frecuencia con la que llamarás de acuerdo con el tipo de contacto, es decir, desde amigos y familiares hasta clientes potenciales, clientes nuevos y antiguos.

Hay personas con las que, naturalmente, hablarás semanalmente, mensualmente, trimestralmente y anualmente. ¬ Tú decides con qué frecuencia, pero, hagas lo que hagas, elige un enfoque sistemático para cuando te pongas en contacto y apégate a él.

> **Para mantener tu red con vida, debes comunicarte regularmente.**

Vi que un colega publicó sobre que había perdido mucho peso. En ese momento, no había hablado con él en seis meses. Entonces, aproveché esa oportunidad para decirle lo bien que se veía; ¬ luego le mencioné conversaciones pasadas sobre oportunidades para hacer negocios juntos. ¬ Todavía estaba interesado en esas oportunidades, lo que le benefició. También me volvió a abrir una puerta que de otro modo habría permanecido cerrada.

5. SE AUTÉNTICO.

Sé que la palabra *auténtico* se usa mucho, pero es imperativo que seas tú mismo, especialmente en la era de las redes sociales. ¬ Todo el mundo ya conoce los engaños de siempre, además de que los viejos trucos de ventas simplemente ya no funcionan. Lamentablemente, la gente en realidad ya no sabe qué es la *autenticidad*. Eso es porque la mayoría vive una vida falsa en las redes sociales, pretendiendo ser algo que no son.

Eso se debe a nuestro ego (una vez más). Nuestro ego es lo que nos impulsa a no ser auténticos: tememos ser juzgados por otras personas si ven nuestros defectos.

Puede resultar abrumador considerar la posibilidad de ser más auténtico. La manera más sencilla de comenzar es ser auténtico consigo mismo. ¬ Si no eres genuino contigo mismo, nunca serás auténtico con nadie. Empieza contigo. Todos los días, nos mentimos y rompemos promesas con nosotros mismos. Ponemos excusas y tratamos de justificar esas promesas incumplidas.

Detén el círculo vicioso siendo honesto contigo mismo; tu honestidad y autenticidad fluirán naturalmente hacia los demás. ¬ Nunca trates ser algo que no eres. Todos tenemos conjuntos de habilidades y todos tenemos imperfecciones. La gente lo percibe cuando no somos auténticos. Por otro lado, si las personas perciben autenticidad, harán cola para hacer negocios contigo..

6. SE DE MENTE ABIERTA.

Siempre me intriga conocer gente nueva. Después de conocer a alguien, con base en mi red, decido si esa persona será un contacto anual, trimestral, mensual o semanal. Rara vez doy con una persona con la que no haya ningún beneficio mutuo para mantener la relación. Sin embargo, si esa persona trae negatividad a mi vida o me juzga, no estará en mi red. No vale la pena.

Me apasiona mi familia, mi carrera y ayudar a otras personas. ¬ Eso significa que quiero y necesito personas en mi red que compartan mi pasión por la vida. No es necesario que tengamos las mismas creencias ni los mismos intereses.

> **Las personas apasionadas pueden identificarse con otras personas apasionadas, sin importar cuán diferentes puedan parecer.**

Puedes ser un apasionado de tus creencias sin alienar a aquellos que piensan diferente. Si eres propenso a descartar a aquellos que piensan de manera diferente a la tuya, te perderás de relaciones que impactarán tu vida de manera positiva. ¬

Perdemos mucho cuando somos incapaces de expresar nuestros verdaderos sentimientos.

Yo soy autentico y quiero atraer personas genuinas a mi vida. Sé qué temas son sensibles para algunas personas y lo respeto. Las cosas no son tan simples y sencillas cuando de relaciones se trata. ¬ Son complicadas, muy complicadas (al menos las buenas).

7. MUESTRA INTERÉS.

Construir una red valiosa requiere una habilidad particular que muy pocas personas poseen: mostrar interés. Tienes que mostrar interés a los demás. Tienes que hacer preguntas.

En un evento de maestría empresarial de Tony Robbins, conocí a un hombre que sobresalía (por todas las razones equivocadas). Era una persona supremamente egoísta que claramente solo se preocupaba por sí mismo y por lo que podía obtener de una relación. No había beneficio mutuo. No hacía preguntas sobre la otra persona. Esas personas, las que solo quieren algo de ti, son muy obvias. Las vemos venir a kilómetros.

Como cualquier otra habilidad, mostrar interés por las personas es algo en lo que mejoras trabajando activamente. Sabrás cuando lo hayas dominado porque tendrás muchos amigos reales, muchos contactos y muchos mensajes, muchas personas que querrán estar cerca de ti.

> **Las personas que muestran interés atraen a los demás porque todos queremos estar rodeados de personas a quienes les importemos.**

Mostrar interés podría significar simplemente ser un buen oyente. Si quieres tener éxito en los negocios, tendrás que "darte muerte a ti mismo" para genuinamente pensar a los demás. Hazlo y todo lo demás encajará.

Una de las maneras más sencillas de demostrar interés por alguien más es no intentar venderle nada. Solo conócele. Una vez que hayas ganado su confianza, habrá tiempo para contarle a qué te dedicas. Si se inicia una relación con el fin de conseguir *para sí mismo* tanto de la otra persona como sea posible, esa jamás será una relación que valga la pena.

Muestra interés por los demás. Es muy simple y muy efectivo.

8. SE VALIOSO.

Las técnicas de venta anticuadas y las "redes percibidas" (es decir, contactarse con otros únicamente en beneficio propio) están muriendo, si no ya en la tumba. Hoy en día, para crear redes es absolutamente indispensable que proporciones valor a otras personas.

Creé un programa de servicios asociados cuando comencé mi negocio; hoy, todavía lo utilizo. Cuando no tenía dinero y vivía en mi auto, obviamente tampoco tenía dinero para mercadeo. En esos días, las vallas publicitarias, la radio y la televisión eran las únicas formas de mercadeo.

No había Internet y los impresos salían muy costosos (sin suficiente retorno sobre la inversión). Cada uno de nosotros tiene alrededor de 22,000 pensamientos subconscientes al día, por lo que cuando pasamos por una valla publicitaria, pasamos rápidamente a lo siguiente que encontremos frente a nosotros y nos olvidamos por completo del mensaje estático que acabamos de ver.

Necesitaba la manera de ser lo suficientemente valioso como para convertirme en lo primero que viniera a la mente de las personas cuando pensasen en seguros. ¬¬ Ese programa nació de la necesidad de trabajar en red de manera tal que beneficiara a todos los involucrados, que proporcionara un valor real a las personas.

Así fue como nació: una buena amiga mía era concerge en un hotel elegante en la ciudad de Nueva York. En ese momento, no tenía ni idea de lo que era un concierge. Había sido pobre toda mi vida y ciertamente nunca había estado en un hotel de cinco estrellas. De hecho, el hotel "más elegante" en el que me he alojado era Fairfield Inn.

Mi amiga me invitó a visitarla, ella estaba parada detrás de un mostrador en el gran vestíbulo palaciego cuando llegué a su hotel. Observé cómo ayudaba a algunos huéspedes a buscar los mejores lugares para comer y decidir sobre sus actividades de esparcimiento para esa noche.

Después de que se fueron, le pregunté cuánto había cobrado por ayudar a esas personas (los había visto entregarle dinero).

"¿Ah, eso? Solo fue una propina". "Bueno, ¿Entonces cuanto tienen que pagar al hotel?" Pregunté.

"Nada."

Quedé impactado. "¿Por qué el hotel haría eso? Eso parece mucho trabajo a cambio de nada".

Ella respondió: "Porque queremos que la experiencia de los huéspedes sea increíble y queremos que asocien ese sentimiento con nuestro hotel. ¬ Como les facilité todo, regresarán y volverán a reservar con nosotros. Esa es la razón de ese servicio".

Y ahí fue cuando tuve una epifanía. ¡Necesitaba hacer lo mismo en mi negocio!

Había tenido problemas para brindar valor tangible a mis clientes porque lo que vendo es un producto intangible. En el punto de venta, vendo nada más que una promesa. Una promesa que consiste en que, si alguien tiene un accidente automovilístico, no tendrá que preocuparse por la carga financiera que ello acarrea; el cliente sale con esa promesa y nada más.

Quería ofrecer algo más que una promesa. Así que comencé a visitar empresas y a hablar con los propietarios. Esto es lo que les decía:

> *Quiero darles a mis clientes algo más que una promesa de cobertura. Quiero que tengan una base de datos de los mejores médicos, abogados, guarderías para perros, contadores públicos, contratistas, corredores de hipotecas, agentes inmobiliarios, veterinarios y pediatras. ─ Estoy construyendo una red de proveedores confiables de todas las industrias, lugares donde se les puede garantizar un excelente servicio.*
>
> *Por eso, quiero publicitar esta empresa con mis clientes, no va a costarles ni un centavo. Lo único que tienen que hacer es proporcionarme una pila de volantes de 8½ x 11 cada mes con publicidad de la empresa. Le entregaré esos volantes a mis clientes en el punto de venta.*

Como puedes imaginar, este concepto era extremadamente popular en mi comunidad. Cuando visitaba a mis socios todos los meses para recoger su pila de volantes, aprovechaba la oportunidad para preguntarles cómo iba su negocio y ¿adivinen qué? La mayoría de esas empresas también se convirtieron en clientes.

Gracias a Zoom, el Internet y las redes sociales, este tipo de servicios generan valor de manera muy diferente hoy en día, pero aún es completamente viable. Fácilmente puedes crear una página en tu sitio web con enlaces a proveedores confiables en todas las industrias. Tus usuarios sabrán que al visitar tu página encontrarán buenas ofertas y recomendaciones confiables.

Una excelente manera de acrecentar tu lista de socios es pedir a tus clientes recomendaciones sobre las mejores empresas y servicios de la zona. ¬ Así, tendrás como llamar a esas empresas y decirles "tenemos un cliente en común. Un cliente me dijo que tuvo una gran experiencia con ustedes. Te cuento, estamos buscando agregar negocios a nuestro programa de servicios de asistencia personal, no les costará nada. ¿Les interesa?"

Esta es una excelente manera de construir una comunidad, proporcionar valor y agrandar tu propia lista de prospectos.

A mis equipos les enseño a construir dos relaciones al día. Ya sea en Zoom o en persona, muéstrale a la gente cómo puedes ayudarles más allá de lo que puedes venderles.

9. SE PACIENTE.

Se necesita tiempo para construir una red saludable llena de colaboradores valiosos que aporten y un grupo sólido de influencers.

Especialmente en lo que respecta a las redes sociales, no siempre es fácil saber qué técnicas ofrecen resultados tangibles. Por lo general, una publicación de Facebook no intentará vender nada directamente. Sin embargo, las interacciones y las actividades se complementan entre sí, lo cual sirve para crear una reputación y volverse digno de confianza.

Adopta un enfoque a largo plazo.

No te impacientes y verás grandes resultados de las relaciones que fomentes. Yo espero varios meses antes de mencionar mi negocio a la mayoría de las personas. Después de noventa días, les llamo para saber cómo les ha ido. Luego agrego: "Oye, no puedo creer que llevemos tres meses trabajando y nunca te haya preguntado quién se encarga de tus seguros".

Obviamente, esa frase funciona en mi sector. Pero no importa en qué sector estés, también te puede funcionar a ti. He aquí algunos otros ejemplos:

- "No puedo creer que llevemos noventa días en contacto y nunca te haya preguntado quién te arregla el cabello".
- "No puedo creer que llevemos noventa días en contacto y nunca te haya preguntado cuál es la tasa de interés de tu hipoteca".
- "No puedo creer que llevemos noventa días en contacto y no te haya contado sobre algunas de las propiedades que tengo disponibles o lo que hacemos en nuestra agencia inmobiliaria".
- "No puedo creer que llevemos noventa días en contacto

y no te haya hablado de mi restaurante ni de nuestra división de catering".

No cometas el error de buscar hacer contactos pensando en lo *que* puedes ganar. Cuando adoptas un enfoque asistencial y ayudas a las personas, lo bueno volverá a ti multiplicado diez veces, y aplica para mucho más que solo las ventas. Este tipo de mentalidad funcionará en cualquier negocio y en todas las industrias.

No suelo eliminar a nadie de mi red a menos que haya sido una mala influencia o deshonesto. Todas las personas que conozco tienen valor y se convierten en al menos un contacto anual. Mantén a quienes conoces en tu radar, nunca se sabe. Puede que les necesites, o puede que ellos te necesiten.

Quizás lo más valioso que obtendrás de tu red es un flujo constante de referidos. Cuando eres experto en el networking, los referidos fluyen de forma casi natural. Sin embargo, eso no me impide pedirlos. Sé que mucha gente teme pedir referidos, pero si has venido proporcionando valor a alguien constantemente, no deberías temer pedir que te proporcionen un contacto.

Presta atención a los demás, esa es la forma más rápida de construir una red sólida donde el bien es correspondido. Se una persona de palabra, mándales trabajo a otros. Toma la iniciativa y hazlo de manera constante, verás como las personas estarán más dispuestas a hacer lo mismo por ti.

Se necesitan muchas piezas para crear la Psiquis del Éxito, pero sin una red para hacer crecer tu reputación y tu negocio, el resto son inútiles.

"Tu red es tu patrimonio neto"—Tim Sanders

HE DEDICADO MI VIDA A LA INCERTIDUMBRE. LA CERTEZA ES LA MUERTE DE LA SABIDURIA, EL PENSAMIENTO, LA CREATIVIDAD.

SHEKHAR KAPUR

ONCE

ACEPTA LA INCERTIDUMBRE O ACEPTA LA COMPLACENCIA

Algunas cosas son más fáciles de admitir que otras.

No tengo ningún problema en admitir que me encantan los dulces, pero también sé que es mejor no consumir mucha azúcar (aparte de la crema batida de mi café… nadie se meta con mi crema batida). Tampoco ocultaré el hecho de que no me gusta levantarme temprano, más aún así lo hago.

Sin embargo, no me gusta admitir que durante muchos años desperté atormentado por la ansiedad y el estrés (y al día de hoy aún me sucede a menudo). Una vez me fui a la cama sintiéndome abrumado y me levanté sintiéndome abrumado. Había tanto que quería lograr que me sentí culpable cuando no pude terminar todo lo que tenía en mi lista. Como resultado, me desperté a la mañana siguiente sintiéndome entre la espada y la pared.

En ese momento no me había dado cuenta de que estaba buscando inútilmente una sensación de certeza. Quería tener *la certeza* de que estaba sano. Quería tener *la certeza* de que estaba haciendo lo correcto para hacer crecer mi negocio. Quería estar *seguro* de que estaba en camino a la libertad financiera que deseaba para mi futuro. Quería *certeza* sobre mi matrimonio y mis relaciones.

Gracias a la lectura y meditación que hago de todos los días, me di cuenta lentamente de que la certeza en realidad no existe. ¿Cómo va la famosa frase? "Las únicas cosas seguras en la vida son la muerte y los impuestos". Todos hemos escuchado eso antes y nos hemos reído, pero es verdad.

También he escuchado que tienes que "sentirte cómodo" con la incertidumbre. ¿Soy solo yo o parece una de esas ideas que suenan genial, pero en realidad son muy difíciles?

Sí, es complicado.

Sin embargo, sé que, para desarrollar la Psiquis del Éxito, tienes que hacer, *sin descansar*, aquello que es difícil, cada día. La razón por la que esto es tan importante es que en realidad es la incertidumbre lo que *genera crecimiento*. La incertidumbre impulsa y también fomenta la sensación de lo desconocido, lo que te hace sentir vivo.

Cuando tienes certeza, es cuando mueres. La certeza representa la muerte de tus sueños y de la vida que sueñas.

LUCHA PARA MANTENERTE EN LA CIMA

Piensa en las personas más exitosas que se desvanecieron en la oscuridad a lo largo de los años, para nunca volver a ser influyentes. Su irrelevancia vino cuando se sintieron cómodos. Se confiaron demasiado en sus ingresos y dejaron de esforzarse.

Esto sucede todo el tiempo en los deportes profesionales. Si un atleta no mantiene su mirada en la pelota y practica como si todavía intentara entrar al equipo, se desvanecerá en la oscuridad. Otro grupo de recién llegados deseosos trabajará más duro y, por lo tanto, superará en habilidades a los jugadores que se han relajado.

Es más que evidente qué actores y actrices todavía practican su oficio. Los actores que tienen una amplia gama y pueden interpretar cualquier personaje, esos profesionales nunca dejan de aprender. Luego están los actores que se encasillan en un estilo o un personaje, sin importar la película. Quizás las superestrellas simplemente tienen más talento natural que los actores de personajes, o tal vez los actores multifacéticos simplemente se esfuerzan más que los demás.

Lo que sí sé es que, a menos que quieras encasillarte, será mejor que estés listo para esforzarte.

Permanecer en la cima es toda una lucha una vez que se alcanza. No hay varita mágica una vez que se llega a la cima. Es empinada y traicionera, y no hay garantía de poder resistir.

Cuanto antes te des cuenta de ello, mejor.

La clave es aceptar la incertidumbre. Nunca se sabe cuándo llegará la próxima pandemia o si volverás a casa después de estar de vacaciones; nunca se sabe cuándo alguien te embestirá por un costado a 100 kilómetros por hora; si otra Gran Depresión va a golpear a nuestra nación; si la Tercera Guerra Mundial está a la vuelta de la esquina.

Realmente no hay nada que puedas controlar fuera de tu voluntad para aceptar la incertidumbre con los brazos abiertos. Sin embargo, lamentablemente, el encanto de la certeza es la ruina de la mayoría. Una de las razones es que la gente siempre se esfuerza por cosas que no son posibles. Establecen grandes metas, pero no les aplican ingeniería inversa para averiguar cómo alcanzarlas.

Si estableces una meta de ingresos elevada, pero en realidad no tienes un plan (un GPS) sobre cómo llegar a ese número, podrías de una vez establecer la meta de caminar hasta Marte.

La gente no alcanza sus metas y luego se rinde rápidamente. Concluyen que la incertidumbre es demasiado aterradora y decepcionante (sin reconocer jamás que se negaron a planificar, ser constantes o pensar por fuera de los esquemas). Se sienten bien con regresar a sus pequeños agujeros de insatisfacción y hacer apenas lo suficiente por un salario.

Cuando el COVID-19 llegó, la incertidumbre estaba por todas partes. Toda conversación del 2020 estuvo teñida de discusiones sobre la pandemia y todos los cambios que trajo a nuestras vidas. También trajo la ruina a muchas empresas. Uno de esas fue Nieman Marcus, que se declaró en bancarrota en 2020, pero he aquí la cuestión: realmente no fue la pandemia lo que la acabó, solo fue la gota que derramó la copa. Nieman Marcus ya estaba al borde del colapso debido a su modelo de negocio obsoleto.

Las grandes tiendas se están convirtiendo rápidamente en un lastre. Con toda la propiedad inmobiliaria que requieren, los elevados costos de alquiler y la enorme cantidad de personas que se necesitan en el terreno para ejecutar las operaciones, se está convirtiendo en una inversión demasiado arriesgada para muchos. También es un modelo que no va a sobrevivir por mucho más tiempo. Cada año, más personas compran en línea y menos entran a las tiendas. Toda la reputación de Nieman Marcus se basaba en su experiencia en tienda. No tuvieron claridad sobre cómo hacer la transición y crear ese mismo tipo de experiencia en un entorno virtual.

Cuando las empresas entran en la zona de confort, no hacen lo necesario para adelantarse a las tendencias. Si se cambia una vez que algo ya es tendencia será demasiado tarde.

El ejemplo clásico es Blockbuster. Estaban completamente seguros de conocer el mercado. Luego llegó Netflix. Avancemos hasta el día de hoy: existe toda una generación que ni siquiera ha oído hablar de Blockbuster. Por su parte, Netflix ahora hace películas que son todo un éxito.

¿DONDE ESTAS VIVIENDO?

La incertidumbre fomenta la creatividad. Cuando te despiertas y sientes la punzada de la incertidumbre, es cuando estás dispuesto a luchar y listo para dar la próxima pelea. Todavía siento incertidumbre al despertar, pero me he condicionado a sentirme emocionado por eso.

¡Sí, emocionado! Porque sé que la incertidumbre es lo que me mantiene creativo.

La incertidumbre no es valiosa a menos que confíes en el proceso. Muchas veces, cuando estoy estresado, pienso: *¿Por qué no puede ser más simple? ¿Por qué no he alcanzado mi objetivo?* Cuando me niego a permitir que esos pensamientos me descarrilen o hagan que la duda se apodere de mí, el siguiente pensamiento que me viene a la cabeza es casi siempre una buena idea que me ayuda a acercarme a mi objetivo.

Si me sintiera cómodo con la certeza, no pensaría de esa manera. No permitiría que mi creatividad estuviese activa a primera hora de la mañana mientras me imagino diferentes escenarios para superar diferentes obstáculos.

Cuando me despierto con incertidumbre, sonrío y pienso: *Este sentimiento significa que necesito pensar en esto. Necesito encontrar otra forma. Ese es el proceso. Confía en él.*

En lugar de quejarte y pensar *¿por qué no puedo simplemente despertarme y estar en paz con esto?* agradece no tener certeza. Es esa falta de paz lo que te llevará al siguiente nivel.

La vida es igual a incertidumbre. Tan pronto como te sientas cómodo, tan pronto como te sientas seguro de una cosa, otra se estrellará y arderá.

La multitud del "si tan sólo" son los que menos aprovechan la incertidumbre. Todos conocemos a la gente de ese estilo:

> *Si tan solo tuviera 20 millones de dólares en el banco, no tendría que estresarme por nada nunca más.*

> *Si tan solo conociera a la persona adecuada, sería feliz por el resto de mi vida.*

Los escenarios del "si tan sólo" son solo ilusiones. Muy a menudo, las personas consiguen el deseo detrás de su "si tan solo", pero momentos después se sienten insatisfechas o algo llega y los saca del consuelo temporal que les ha traído su "si tan sólo".

Durante la pandemia, consulté a uno de mis amigos más exitosos que está muy involucrado en los bienes raíces mediante propiedades para alquiler.

"¿Cómo va todo?" Pregunté.

Suspiró. "Nunca había estado tan estresado en mi vida. El 60% de mis arrendatarios no me pagaron el mes pasado y este mes no pinta mejor. Me sentí tan tranquilo durante los últimos cinco años. Ahora no tengo ni idea qué voy a hacer".

Este era alguien que lo tenía todo resuelto. Siempre estaba seguro. Le dije: "¿Sabes qué? Puede haber un rayo de luz".

No se daba cuenta de cómo el que la mayoría de sus arrendatarios no le pagaran podía ser un rayo de luz, pero continué.

"Sé que puede que no quieras escucharlo, pero la incertidumbre crea grandeza. Ahora mismo estás pensando, *¿cómo voy sobrevivir?* Entraste a la zona de confort porque construiste una cartera de bienes raíces rentable. Pero ahora esta incertidumbre te hará pensar fuera de todo parámetro".

Pensar fuera de los parámetros establecidos te ayuda a superar esos momentos en los que piensas *"no puedo creer que esto me esté pasando"*. ¿Qué pasa si pierdes tu trabajo? ¿Qué pasa si enfermas, no puedes trabajar y quedas endeudado con las cuentas médicas?

En la vida pasan cosas. ¿Estás listo? Realmente no hay forma de prepararse para todas las cosas inesperadas de la vida porque, después de todo, son inesperadas.

Pero puedes decidir *no dejarte consumir* por los fuegos de la vida.

Más bien permite que esos fuegos forjen tu grandeza.

Nadie quiere estar cerca de un mártir que se revuelca en su situación una vez que su bendita certeza se desvanece. Los mártires culpan a todos los demás cuando las cosas van mal. No seas un mártir. Acepta la incertidumbre y decide cómo vas a superar cualquier situación que se te presente en lugar de sentirte consumido por ella.

Solo el 1% de la población mundial tiene un éxito notable. La razón es que este pequeño porcentaje se compone de personas que aceptan la incertidumbre con brazos abiertos y saben que es el ingrediente que los empujará a dar el siguiente paso.

Como hemos comentado antes, la mayoría de la gente vive en uno de estos dos lugares: El pasado (lo que fomenta el arrepentimiento) o el futuro (lo que fomenta el miedo). La incertidumbre nos asusta porque tendemos a proyectar los peores escenarios para el futuro, pero si lo piensas detenidamente, la gran mayoría de las cosas "terribles" que sabemos que van a suceder, en realidad nunca suceden.

Incluso si el peor de los escenarios se vuelve realidad, ¡siempre habrá una forma de superarlo!

Vivir con arrepentimiento es vivir en el pasado. Vivir con miedo es vivir en el futuro. Vivir en el presente es la única forma de crear el futuro más brillante para ti mismo y las personas que influyes. Se trata de vivir el momento.

LA INCERTIDUMBRE CREA TU LEGADO

Es supremamente fácil volverse complaciente una vez que crees que has llegado a tu destino.

Luego te golpean en la cara y te da la impresión de que nunca alcanzaste tu destino, así como también es supremamente fácil alcanzar algún destino y olvidar el *motivo* que te llevó él.

Tenemos una memoria de muy corto plazo en lo que respecta al dolor, lo cual es bueno y malo. Puede ser útil porque nos permite volver a subirnos a la bicicleta cuando nos caemos; puede ser perjudicial porque olvidamos rápidamente todo el trabajo que nos costó llegar a donde estamos hoy. Te invito a permitir que las batallas y las caídas te ayuden a seguir siendo humilde y a recordar de dónde vienes. Te animo a reconocer tanto las batallas como los triunfos.

> **Nunca olvides las batallas porque, si lo haces, estarás destinado a repetirlas..**

No dejes que tu zona de confort se convierta en una trampa. Cuando tus entrenamientos no te dejen adolorido, entrena más duro. ¬ Si tu objetivo de ingresos mensuales se vuelve fácil de alcanzar, no es una meta lo suficientemente desafiante. Esfuérzate e incomódate. Recibe la incertidumbre o vuélvete complaciente (y eventualmente obsoleto).

Una gran parte del acertijo de la incertidumbre es ser constante. Sé de primera mano que ser constante puede ser difícil, es una lucha que todos enfrentamos. Es difícil ser siempre amable con nuestros cónyuges y escucharlos. No es fácil ser un líder o miembro de equipo constante y hacer un trabajo excelente constantemente.

Todo es una lucha, pero eso solo significa que los resultados finales valdrán la pena.

Uno de los mejores indicadores para darte cuenta de que estás recibiendo la incertidumbre con los brazos abiertos, es que la gente te pregunte: "¿Cómo lo lograste?" Si eso ya te sucede, úsalo a tu favor.

La gente me pregunta con regularidad cuáles son los ingredientes de mi éxito. Hay muchas piezas independientes, pero siempre les digo que mi disposición hacia la incertidumbre me mantiene alerta. No hay atajos para llegar al éxito: tienes que esforzarte, ser constante y tener una mentalidad positiva.

Por mórbido que sea este pensamiento, al estar sentado en un funeral, he pensado: *Espero que alguien diga algo así sobre mí algún día.*

¿Alguna vez has pensado en lo que quiere que se diga en tu funeral? Quiero que la gente quede encantada con cómo les ayudé a mejorar sus vidas. Mi propósito en esta vida es ayudar a la gente a que se supere, espero ser recordado por haberles ayudado a pensar fuera de sus parámetros y darse cuenta de que tenían dentro de sí más de lo que inicialmente creían. ¬¬

A medida que orientes y asesores a otros, recuerda el dolor y sacrificio que te costó llegar a dónde estás. ¬ Una vez que pierdas de vista ese esfuerzo, caerás en la zona de confort, lo cual conlleva a la complacencia y esa será tu perdición. ¬

No te conviertas en otro Blockbuster. Enfréntate a la incertidumbre y crea tus propias ideas revolucionarias y tu legado.

Mucha gente se ve asfixiada por la incertidumbre y se rinde. Esas mismas personas te dirán que no vale la pena luchar por tus sueños. Solo te lo dirán porque no tienen la fortaleza para luchar por los suyos.

Enfócate en la acción masiva ahora mismo y él ahora se encargará del resto. Cuando tienes un propósito, superarás a todos con facilidad. Tendrás la actitud para hacer "lo que sea necesario" incluso cuando te derriben. Recuerda, confía en el proceso (la S en PIES). Cuando sientes que un sacrificio no es un sacrificio, habrás encontrado tu por qué.

Siempre habrá alguien esperando que te rindas; tal vez fracases, pero eso no significa que tengas que detenerte. El trabajo duro, la constancia, la psiquis adecuada y la resiliencia te ayudarán a superar el miedo a la incertidumbre en todo momento.

Siempre habrá incertidumbre sobre el futuro, pero entiende que la incertidumbre a menudo se convierte en duda y es ahí donde comienzan los problemas. La duda es el peor enemigo de determinación y persistencia. ¬

El pasado está en el pasado y el futuro aún no llega. Solo tienes es el ahora. ¡No permitas que la incertidumbre se convierta en duda! Esto sucederá de forma natural cuando creas en ti mismo, porque nadie más creerá en ti si tu no crees en ti mismo.

Nada te servirá más que creer en quién eres hoy y que la incertidumbre del mañana te mantendrá alerta y listo para cumplir tus metas.

EL SECRETO DE LA
FELICIDAD NO SE ENCUENTRA
EN LA BÚSQUEDA DE MÁS,
SINO EN EL DESARROLLO
DE LA CAPACIDAD PARA
DISFRUTAR DE MENOS.

SOCRATES

DOCE

CONSIGUE LA VENTAJA DE LA FELICIDAD

S i trabajo duro, tendré éxito, y una vez que tenga éxito, seré feliz.

En el capítulo anterior, confesé que solía despertar sintiendo ansiedad. Bueno, tengo otra confesión: *creí esa primera oración de este capítulo durante la mayor parte de mi vida.* Con el tiempo, me di cuenta de que era una mentira, una mentira horrible y destructiva. De hecho, la mentira de que "el éxito genera felicidad" ha hecho más daño a la felicidad colectiva de nuestros amigos y familiares que casi cualquier otra cosa.

Durante años, asumí que una vez que alcanzara un cierto "nivel" de éxito, sería feliz. No estaba seguro de qué era o dónde estaba ese nivel, imaginé que lo sabría cuando lo alcanzara. Luego leí un libro llamado *La Ventaja De La Felicidad* que cambió mi vida.

De él, aprendí que la felicidad no es un "estado de ánimo" con el que te encuentras o ganas mágicamente a través de varias victorias. Es una *ética de trabajo*. Es una forma de abordar la vida más que un destino del mapa. Mis revelaciones sobre la felicidad y su profundo papel en nuestras vidas son tan importantes que hice de la felicidad el punto de anclaje final de todo mi mensaje. Por esa razón, la conclusión en la que deseo centrarme durante nuestro último capítulo es la siguiente:

> **Entre más felices y positivos seamos, más éxito tendremos, no al revés.**

La felicidad es un sentimiento que nos llega mientras luchamos por el éxito, no el sentimiento que *proviene* del éxito. Lo estamos viendo al revés, causando mucha angustia y dolor. Observa qué actividades consumen la mayor parte de nuestra energía y concentración mental, verás que no es difícil entender por qué hay tanta gente sintiéndose miserable.

Si fallas la "búsqueda de la felicidad", ese fracaso percibido equivale a un fracaso de vida.

Esta es una manera de pensar muy peligrosa y destructiva.

Sin embargo, cuando replanteamos el fracaso como una oportunidad de crecimiento, es cuando realmente experimentaremos ese crecimiento. La felicidad es un subproducto de nuestra forma de pensar. Eso significa que podemos alcanzar la felicidad en cualquier momento de la vida, no solo en algún destino mítico del futuro.

La felicidad configura nuestro cerebro para que funcione. Intenta hacer un buen trabajo bajo un estado de negatividad o incluso neutral. ¡Se vuelve una batalla cuesta arriba! Cuando somos felices y pensamos de manera positiva, somos más perspicaces y estamos más motivados.

La felicidad es el centro y el éxito gira en torno a ella.

LA VIDA ES UN PRIVILEGIO

Después de leer el libro, me di cuenta de que podía experimentar la *ventaja de la felicidad* al ver todo como un privilegio. El hecho de que pueda experimentar el fracaso en mi negocio es un privilegio, lo digo de corazón. Las pérdidas que he experimentado a lo largo de los años me han llevado a lograr mis mayores éxitos.

El mero hecho de que viva en Estados Unidos es un privilegio. No importa lo que esté sucediendo política o económicamente, es un privilegio vivir en los Estados Unidos.

Siempre he disfrutado de ofrecerme como voluntario, pero lo aprecio aún más desde que redefiní lo que puede y debe ser la felicidad. Si no crees que ya tienes todo lo que necesita para ser feliz, ofrécete como voluntario en un hospital oncológico infantil, ve a alimentar a los desamparados, construye una casa para alguien que no la tenga, ofrécete como voluntario para recolectar zapatos para niños.

¿Tienes comida? ¿Tienes zapatos? Entonces, ¿de qué te quejas?

Yo sé que no es tan simple y sé que necesitamos más en la vida que comida y zapatos. El punto que espero que comprendas es que aquello en lo que gastes tu energía mental, aquello en que te enfoques, se convertirá en tu realidad.

Una de las partes más importantes del éxito es retribuir y ayudar a las personas.

Si tienes hambre, pero no tienes con qué comer, yo te daré de comer y no porque sea un santo (ciertamente no lo soy). Simplemente se me ha dado el privilegio de tener los medios para ayudar a los demás y, cuando me lo piden, les proporciono todo lo que puedo. Ahora, no voy simplemente a darte una hamburguesa y seguir mi camino. Si alguien acepta comida de mi parte, más vale que esté listo para conversar. Hace unos años, vi a un joven escarbando en la basura en una gasolinera. Lo estaba observando mientras sacaba del fondo de una bolsa de McDonald's que había encontrado lo que probablemente eran unas papas fritas.

Tuve que intervenir. "¿Tienes hambre?"

"Me estoy muriendo de hambre".

Había un McDonald's al lado, así que dije: "Vamos", señalando hacia el restaurante.

Mientras esperábamos en la fila, quería entender cómo este joven había llegado a un punto de su vida en el que tenía que buscar comida en la basura. "¿Entonces, por qué estás aquí? ¿Qué pasó?"

Mi hambriento amigo empezó a sacar excusas de por qué le había sucedido lo que le había sucedido. Por supuesto, nada era su culpa, todo se lo habían "hecho a él". Era adicto al alcohol y probablemente también a las drogas, por el aspecto de sus ojos y sus dientes. Aun así, solo confesó que bebía, lo cual de todos modos yo ya sabía por su aliento.

Lo agarré del brazo con suficiente presión para que hiciera una pausa en su historia y le dije: "Oye, amigo, ¿cuántos años tienes?".

"Tengo 36 años".

Continué. "Escucha, no me importa qué sustancias haya en tu cuerpo en este momento. Quiero que sepas que no fuiste enviado a este mundo para eso. Dios te puso aquí para impactar vidas y es por eso que nos hemos conocido hoy. Te voy a dar de comer, pero luego necesito que dejes de beber y cambies tu vida".

Tuvimos una gran conversación esa noche. No me he olvidado de aquel joven y espero que él tampoco se haya olvidado de mí, o que al menos no haya olvidado lo que le dije.

¿Cómo puedo saber si lo ayudé a encontrar un mejor camino? No puedo. Lo que sí puedo hacer es tener más conversaciones de ese tipo con tantas personas como sea posible y no me refiero solo a personas que estén buscando comida en la basura, me refiero a ti; me refiero a mis hijos, a la señorita que empaca mis compras. Todos necesitamos saber que vinimos a cumplir un propósito único que solo nosotros podemos cumplir.

Ofrécete como voluntario en algún sitio y observa lo que está sucediendo en la vida de otras personas. El mundo necesita más voluntarios, personas que estén dispuestas a dar un paso al frente y utilizar su tiempo, energía y talentos para ayudar a los demás. Hazlo y el tiempo que dediques a tu profesión y tu vida será mucho más beneficioso y, francamente, lleno de mucha más felicidad. Vivir y trabajar desde el agradecimiento y la felicidad es el sentimiento más liberador que puede haber en este mundo.

ARREPENTIMIENTO, MIEDO Y PRESENTE

Si eres feliz en este momento, estés donde estés y con lo mucho o poco que tengas, creo que lograrás lo que te propongas. El éxito llegará fácilmente. ¡Eso es porque la felicidad es el ingrediente clave! Sí, también necesitas los otros pasos de acción masiva que hemos discutido en este libro. Aun así, una vez que consigas la *ventaja de la felicidad*, sucederá algo hermoso: Podrás definir fácilmente el éxito en tus propios términos.

Dejarás de hacer comparaciones innecesarias. Te darás cuenta de cuán valioso eres y de que no tienes que actuar como o ser como ninguna otra persona para vivir la vida que has soñado.

El arrepentimiento juega un papel importante en nuestra capacidad para ser felices en el punto en que nos encontramos. Debido a que muchas personas viven en el pasado, la tendencia es a vivir en la amargura de los fracasos pasados, revivirlos y no perdonarse nunca. Las decisiones que tomamos, las decisiones que no tomamos, la ira que mostramos hacia alguien, las relaciones que hemos arruinado... Si lo piensas bien, es bastante fácil vivir en un estado de arrepentimiento. Es fácil hundirse en la desesperación.

Pero si vives arrepentido, no podrás ser feliz.

Viví arrepentido durante cinco años después de la muerte de mi madre; arrepentido de no haber pasado más tiempo con ella. Sentía que no había hecho lo suficiente para ayudarla en sus últimos años. Al final, me di cuenta es de que no soy médico. Ojalá hubiera ido más a menudo a verla, pero ¿de qué me sirve ese deseo ahora?

En algún punto, tienes que perdonarte y seguir adelante con tu vida. Más importante aún, tienes que aprender de tus fracasos y hacer las cosas mejor a la próxima oportunidad.

¿Y qué de vivir en el futuro? ¿Es mejor? Claro que no. Aquellas personas que dicen "seré feliz cuando..." son las más miserable que conozco. También parecen ser las mismas personas que se la pasan imaginando "qué tal si...". ¬ En el pasado, solía ser de esas personas que se la pasan imaginando "qué tal si..." y todavía me esfuerzo por luchar contra la tendencia (que surge de mi deseo de certeza).

¿Qué tal si le ocurre algo terrible a mi familia?
¿Qué tal que la situación económica empeore?
¿Qué tal que mi equipo renuncie?

Nos preparamos para el fracaso cuando creamos narrativas de catástrofes en nuestra mente. ¡Y somos muy buenos en eso! Nuestros escenarios de "qué tal si..." se convierten en elaboradas tragedias griegas dentro de los confines de nuestra imaginación. ¬ Es sorprendente lo creativos que podemos ser cuando pensamos en un posible desastre.

Bueno, no sé ustedes, pero el 99% de mis peores escenarios nunca sucedieron y he descubierto la manera de superarlos todos cuando han sucedido.

¿Por qué nos torturamos? Preocuparse por los "qué tal si..." del futuro es diferente a planificar y establecer expectativas para el futuro con base en la realidad. No uses la felicidad como excusa para quedarte dónde estás. Puedes ser *feliz* y a la vez *seguir avanzando*. Los dos pueden y deben coexistir.

Lo he dicho antes, pero merece repetirse:

> *Vivir con arrepentimiento es vivir en el pasado. Vivir con miedo es vivir en el futuro. Vivir en el presente es la única forma de crear un futuro más brillante para ti mismo y las personas en quienes influyes.*

¿Tienes grandes metas para tu vida? ¿Hay personas a las que quieres impactar? Bueno, no se puede influir en la vida de las personas si se es infeliz. Simplemente no se puede.

EL NERVIOSISMO NO ES INFELICIDAD

La gente a menudo malinterpreta sentir nervios como infelicidad.

Cuando la gente dice estar nerviosa por hablar en público o recibir una llamada por Zoom o por probar algo nuevo, ese nerviosismo tiende a crear infelicidad. El resultado final nunca es bueno: o no disfrutas de la experiencia o los nervios y la infelicidad percibida te impiden tomar medidas.

El nerviosismo no tiene por qué equivaler a infelicidad. Cuando comprendes de dónde provienen esos sentimientos de nerviosismo, verás que estos son realmente algo *grandioso*. Sentirse ansioso, después de todo, solo significa que deseas desesperadamente no defraudar a alguien.

Como puedes imaginar, esto viene, una vez más, desde el ego.

Hace poco, una de mis empleadas me contó sobre la terrible ansiedad social que le aflige. Casualmente, esta joven también canta en su iglesia. Entonces, le pregunté: "¿Cómo te subes al escenario a cantar frente a cientos de personas, pero no eres capaz de conversar con una sola persona?"

Se quedó pensando por un momento. "No lo sé. Siento que les gusta la música, así que su enfoque no está en mí".

Le respondí: "Bueno, ¿Qué te hace pensar que se están enfocando en ti cuando pasas junto a alguien en la calle o conversas?"

"Porque siento que me están juzgando".

"¿Sabes de dónde viene eso?" Pregunté.

"No tengo ni idea."

La mayoría de nosotros ni siquiera sabemos por qué nos sentimos como nos sentimos. Ella percibía su nerviosismo como una especie de ansiedad social sobre la que no tiene poder. No tenía idea de que su ansiedad social provenía desde su ego.

Reconocer ese ego es el primer paso para quitarle su poder. Cuando dices que eres introvertido, lo más probable es que ese no sea el caso. Solo es tu narrativa. Es la historia que creaste para quedarte en tu zona de confort. Es fácil zafarse de las obligaciones con la excusa "del introvertido".

Puede que estés de acuerdo conmigo o no. Aun así, espero que al menos puedas reconocer que lo que sea que continuamente te repitas, será aquello en lo que te convertirás. Cuando te convences de que eres introvertido y que no eres capaz de darte a conocer, la gente se te está perdiendo de ti. La gente no se verá impactada.

Cada vez que escucho a alguien decir "es que soy tímido", pienso para mí mismo (o si el momento es el correcto se los digo), "No eres tímido. Solo estas en tu zona de confort. y no quieres darte a conocer porque no quieres que te juzguen. Todo se debe al ego".

Esta ansiedad no es algo con lo que nacemos, es algo que aprendemos. En algún momento de tu infancia, alguien te juzgó (o muchas personas te juzgaron) y eso te cohibió. Debido a esas experiencias pasadas, te convertiste en un adulto que se niega a darse a conocer.

No creo que haya nadie que pueda negar que tendemos a juzgarnos unos a otros. Observamos a los demás y evaluamos como visten o que dicen. La gente hace lo mismo con nosotros, pero no tanto o con tanta frecuencia como se cree.

Alerta de spoiler: puede que tengas un ego, pero todos los demás lo tienen también. ¿Ese chico o chica que conociste en aquella reunión? Sus egos intentan mantener sus mentes completamente enfocadas en sí mismos. Lo que dices y haces no les importa tanto como lo que ellos dicen y hacen. Nunca lo olvides (y recuerda a quién buscas primero en las fotos grupales: tú).

He realizado miles de llamadas de entrenamiento a lo largo de los años. Al día de hoy, me pongo nervioso al comienzo de cada llamada, siempre. Mi ego me hace dudar de mí mismo. ¿Voy a sonar como un tonto? Por supuesto que no. Incluso si digo algo que no es, dudo mucho que alguien se dé cuenta.

Los mejores atletas del mundo siempre sienten nervios al principio de cada juego, sin importar cuántos años lleven en su profesión. Los nervios nos ayudan a mejorar cuando luchamos contra ellos. No dejes que ganen. Canaliza esos nervios hacia la excelencia.

La preparación puede ayudar mucho a calmar los nervios. Subconscientemente, el deseo de evitar la sensación de nerviosismo te elevará al siguiente nivel porque te ayudará a prepararte. Sin embargo, la otra cara de la moneda es que los nervios también pueden paralizarte y evitar que te prepares adecuadamente.

No seas la moraleja de la historia. Reconoce los efectos del ego y contraataca a través de tu Psiquis del Éxito. ¿Esos nervios que sientes? Deja que te ayuden a desempeñarte aún mejor. Los nervios solo te harán fallar si el estar nervioso te impide seguir adelante. No dejes que los nervios te roben tu felicidad y tu capacidad de impactar.

ENCUENTRA TU LUGAR FELIZ

Poder mejorar la vida de alguien en un 1% sería una victoria, una gran victoria. Si mis palabras pueden ayudar a una persona a mejorar su forma de pensar, así sea en lo más mínimo, estaré cumpliendo mi propósito. Siento felicidad con tan solo pensarlo. También me hace feliz perseguir ese objetivo. Esa es una buena noticia para mí, ya que la felicidad es la clave del éxito y el éxito gira en torno a ella (no al revés).

El éxito nace de la felicidad.

La felicidad que sentimos es lo que nos permite emprender acciones masivas que conducen al éxito. También es la felicidad lo que hace que la gente acuda a ti. ¡Y lo necesitas! Necesitas que las personas te sigan para tener éxito porque no puedes crear el éxito por ti mismo y seamos realistas: nadie quiere seguir a una persona infeliz.

Echemos un vistazo a la palabra *felicidad en* sí misma por un momento. Muchas personas creen que no merecen ser felices en tanto no alcancen un "destino" futuro. Entonces, ¿cómo logras el equilibrio entre ser verdaderamente feliz con lo que tienes hoy pero aún tener el impulso y el hambre para seguir adelante?

No tienes que *contentarte* con lo que tienes, más sí ser feliz en el momento presente y al mismo tiempo estar decidido a llegar a donde quieres ir. Hay una diferencia. Ser feliz con lo que tienes y lo que has creado hasta este momento es hermoso ¡Pero no significa que tengas que parar!

Encontrar tu lugar feliz es una de las claves para poder seguir adelante a pesar del fracaso. Para alcanzar a mi lugar feliz, paso tiempo cada mañana con mis hijas porque mi familia es lo que más dicha y alegría me trae.

No importa lo que esté pasando, lo agitada que se ponga la vida, tienes que encontrar ese lugar feliz.

Mi mamá fue una madre cariñosa, pero fue infeliz durante la mayor parte de su vida. Recuerdo haber intentado ayudarla a ver lo bueno: Tenía dos hijos que la amaban, un auto que la llevaba del punto A al punto B, un techo sobre su cabeza y comida en su despensa y eso solo era la punta del iceberg.

Desafortunadamente, la mayoría de las personas están programadas para enfocarse en aquello que *no* tienen. Son incapaces de entender que la energía positiva que obtienen de enfocarse en lo que *tienen* traerá a sus vidas aún más de lo que quieren.

Si eres propenso a concentrarte en lo negativo, te desafío a que encuentres tu lugar feliz hoy. Encuentra una cosa o actividad que te haga sonreír y conviértela en parte de tu rutina diaria.

Recuerda: estamos *programados* para fracasar. Programados es la palabra clave aquí.

Nunca le digo "no" a mis hijas, mas no confundas eso con que permito a mis hijas salirse con la suya. Si encuentro a Luna haciendo algo que no debería estar haciendo, me aseguro de que se detenga, pero no solamente le digo: "No, detente". También le explico el *por qué*.

No quiero que mis hijas crezcan con la mentalidad del "no". Esa es una programación dañina a la que a todos nos someten cuando somos niños y puede llevarnos años deshacerla.

Una de las claves es tomar conciencia de tu negatividad. Al día de hoy, todavía tengo que prestar mucha atención a lo que digo porque mi mamá y mi papá eran de esas personas que ven el vaso "medio vacío" y esa programación puede tomar años superarla. Mi padre vivía (y aún vive) en un lugar de escasez. Nunca dijeron, "Sí, veamos qué podemos hacer para pagar eso", sino, "No, nunca podremos pagar eso".

No sé qué fue lo que hizo clic en mí. Quizás solamente me cansé de escuchar "no" todo el tiempo. Quería los Adidas de tres líneas y los jeans de marca, así que hice lo que tenía que hacer. Entré en modo solución, pero no fue mi padre quien me enseñó eso.

Me di cuenta de ello siendo muy joven, sin embargo, nunca es tarde para deshacer la programación de nuestra infancia, sin importar la edad. Nuestras mentes, esencialmente, corren sobre un programa y, por lo tanto, están abiertas a reprogramación.

Nuestro cerebro es capaz de analizar situaciones nuevas y desconocidas de una manera que las computadoras no. Podemos basarnos en nuestras experiencias pasadas para hacer inferencias sobre situaciones nuevas. Podemos experimentar con diferentes enfoques hasta encontrar la mejor manera de avanzar. Las computadoras no pueden hacer eso; se les tiene que *decir* qué hacer.

Mi padre "vivió en escasez" porque siempre estaba esperando el peor de los casos. Descubrí que la mayoría de la gente maneja una mentalidad similar y vive en un estado perpetuo de supervivencia.

La mayor parte del mundo estuvo en modo supervivencia durante las cuarentenas del 2020 por cuenta del coronavirus. Por supuesto, es esencial descubrir cómo mantenerse saludable. Por lo tanto, el modo supervivencia sí tiene sus beneficios, pero son pocos y distantes entre sí. Cuando estás en modo supervivencia, no eres feliz. La verdadera felicidad llega cuando estás prosperando y dándolo todo de ti. Ni siquiera tienes que estar económicamente en la cima para ser feliz. No se trata de "seré feliz cuando mi cuenta bancaria alcance este monto". Si crees que eso es todo, no estás entendiendo el punto.

Puedes prosperar constantemente sin importar lo que esté sucediendo a tu alrededor. La felicidad no viene de un título ni de lo que hagas para ganarte la vida. No depende de una cantidad dinero o de la economía.

> **Al igual que la motivación, la felicidad viene de adentro.**

Comprométete a encontrar ese equilibrio y a ser feliz con quién eres como ser humano en lugar de pensar en el éxito como algo que depende de tu puesto de trabajo.

LA TRANSFORMACIÓN ESTÁ A UNA PSIQUIS DE DISTANCIA

El mundo en el que vivimos hoy hace que ser infeliz sea muy fácil. La mentalidad del "ay de mí" parece ser la predeterminada y los medios ciertamente no están ayudando. Durante 2020, ¿Cuántas noticias viste sobre muertes? Ahora, ¿Cuántas viste sobre casos de recuperación? Hubo muchas más personas que se recuperaron, pero nunca escuchamos esas historias. Eso se debe a que el miedo, no la felicidad, es lo que genera dinero en publicidad.

"Pesimismo y pesimismo; menos esperanza" debe ser su lema no oficial.

¿Por qué querría la gente seguir teniendo miedo? Es posible que no quieras escuchar esto, pero puede que el miedo provenga de la pereza. Es mucho más fácil culpar a los demás de nuestros problemas y solicitar un subsidio de desempleo que buscar otro trabajo y hacer lo que sea necesario para conseguir el sustento de nuestra familia. Es fácil culpar a los políticos por las cosas que nos suceden. Mi amigo en situación de calle, el que llevé a McDonald's, culpaba a todos los demás por su situación. No asumía ni una pizca de responsabilidad. ¿Eso te parece bien?

Sin embargo, es la mentalidad predominante en nuestro país.

La pandemia de COVID-19 me mostró cuáles de mis amigos y colegas eligen conscientemente ser felices y cuáles permiten fácilmente que el miedo se apodere de ellos. No creas que no he tomado el COVID-19 en serio. Me lo tomo muy en serio y hago mi parte para protegerme a mí mismo y a los demás tanto como puedo, pero tampoco voy a permitir que el miedo arruine mi vida, mi negocio o mi felicidad.

Mira, no soy ajeno al fracaso. De hecho, soy un experto en fracasos.

También estoy aquí para hacer que la gente se dé cuenta de que tiene un potencial que ni siquiera sabe que existe. Mi propósito es empoderar a las personas y enseñarles cómo descubrir aquella especialidad que nacieron para compartir con el mundo.

En el papel, y dados mis antecedentes y mi educación, no debería tener éxito. Estadísticamente hablando, debería ser alguien promedio en el mejor de los casos y vivir al día.

Pero no es así. Me convertí en un caso atípico porque elegí conscientemente cambiar mi forma de pensar. Decidí esforzarme a propósito. Incluso antes de terminar de comprender que mi ego me manejaba, reconocía su control sobre mi vida. Digo esto con todo lo que hay en mí: *si yo pude salir adelante, cualquiera puede salir adelante.* No soy especial ni más inteligente que los demás. No soy más que un tipo promedio que descubrió ciertas cosas y estuvo dispuesto a trabajar duro y seguir aprendiendo, lo cual ahora estoy compartiendo contigo.

Nos dejamos entrenar como perros para comportarnos y pensar de cierta manera. Los seres humanos domestican a los animales para que no orinen ni hagan caca en la casa, para que no muerdan. Son animales, pero les enseñamos a luchar contra sus instintos. Les decimos a nuestras mascotas que no hagan esto y aquello y lo buenos que son cada que obedecen.

Los seres humanos somos iguales. Se nos enseña lo que podemos y no podemos hacer y obedecemos ciegamente para que se nos diga cuán buenos somos.

La *ventaja de la felicidad* (y la clave para desarrollar la Psiquis del Éxito) no yace en la creencia de que no necesitamos cambiar. *¡Yace en darnos cuenta de que podemos!* Podemos usar nuestro cerebro para cambiar la forma en que entendemos el mundo, lo que cambia la forma en que reaccionamos ante él.

Las personas más exitosas, laboralmente y en la vida, creen que sus acciones afectan directamente sus resultados. Buscar constantemente lo positivo que hay en el mundo nos permite experimentar felicidad, gratitud y optimismo.

En esta vida, habrá muchas oportunidades para rendirse. Habrá momentos en los que parecerá que desánimo lo único que sientes. Otras veces, sentirás que has descifrado el código secreto para surgir en la vida y nada te oprimirá. Otros días te dejarán preguntándote: *¿Por qué estoy aquí?*

Todo lo que se puede hacer es ser cada día la mejor versión posible de sí mismo. En realidad, no tienes más opción porque, tanto en los días buenos como en los días malos, la gente está observando. No puedes decirles a tus hijos que "miren hacia otro lado" cuando sientes lástima por ti o vives en el pasado. Ellos lo ven. Tu equipo lo ve. Tu cónyuge lo ve. Así que mejora por ellos y por ti mismo.

Quita de la mesa el "darse por vencido". Cuando sabes que el fracaso no es una opción, cuando ya no tienes una red de seguridad, sigues buscando hasta que encuentras la manera.

¿Qué quieres que sea tu legado?

Sé que quieres dejar uno duradero o no habrías leído este libro en primer lugar. Te conozco, tenemos mucho en común, por eso sé que no hay duda de que te cansarás. La próxima vez que suceda, recuerda que "estar cansado" es una psiquis negativa y una excusa.

En lugar de acomodarse en la idea de "estar cansado", hay que obsesionarse con alimentar la mente con pensamientos positivos todos los días. Obsesiónate con rodearte de personas más exitosas que tú. Ellas te fortalecerán y te dirán que *todo* es posible.

Tienes que decidirte a emprender una acción masiva. De lo contrario, tus deseos siempre serán una quimera. Lamentablemente, son pocas las personas que viven la vida de sus sueños. Ello se debe a que las vidas soñadas requieren esfuerzos masivos y acción constante.

Tu vida no cambiará hasta que cambies tu modo: tu modo de reaccionar y tu modo de hacer las cosas.

Hay muchos mensajes valiosos en los libros. Si aún no eres un lector voraz, te animo a que lo seas. Al igual que el coaching, la lectura diaria es algo que ha transformado mi forma de pensar y me ha ayudado a ver las cosas como nunca antes.

En la primera línea del Capítulo Uno, dije que cada buena idea que he tenido la había robado a otra persona. Espero que puedas decir lo mismo después de leer este libro. ¡Espero que algo de lo que he dicho en estas páginas te haya inspirado emprender tu propia acción masiva!

PLAN DE ACCIÓN MASIVA DE 90 DÍAS

A veces, la parte más desafiante del camino son los primeros pasos, así que hablemos de esos pasos críticos por un momento.

¿Cómo se ve el éxito para ti? Habiendo encontrado tu definición del éxito, *aquella descripción exclusiva para ti*, ¿qué significa entonces que debes lograr durante los próximos noventa días? ¬ Estos son los tipos de preguntas que ayudan a crear una forma de pensar y una rutina que a su vez fomentan la Psiquis del Éxito. Entonces, si eso es lo que quieres (¿y por qué no habrías de quererlo?), esto es lo que debe suceder en los próximos noventa días:

1. **Toma la decisión a diario.** Primero, debes decidir todos los días que harás lo necesario para transformar tu Psiquis del Éxito. La frase clave aquí es "todos los días". No es una decisión de un solo día.

2. **Implementa una rutina matutina.** Es hora de crear una rutina matutina que te permita tener algo de tiempo personal.

Si este hábito es nuevo para ti, comienza con quince minutos por área. Este paso no se puede omitir. No importa cuánto tiempo dediques a cada área, tu vida y tu Psiquis del Éxito solo alcanzarán su potencial a través de ese tiempo que dedicarás cada mañana. Levántate temprano de manera tal que puedas dedicar al menos una hora para ti mismo cada mañana. No podrás ser tu mejor versión si no lo haces. Esta rutina debe incluir, pero no se limita a:

- Meditar u orar y llevar un diario.
- Leer al menos entre siete y diez páginas de un libro al día.
- Muévete todos los días, no importar si caminas, corres, montas bicicleta, nadas, haces yoga, levantas pesas o lo que sea. Haz que tu sangre fluya.

3. **Siéntete cómodo sintiéndote incómodo.** Debes estar dispuesto a sentirte incómodo a diario. Recuerda: cuando hay incomodidad hay crecimiento. ¬ Así que no le tengas miedo. Cuando no tengas ganas de hacer algo, ¡HAZLO!

4. **Deja de querer ser la víctima.** Hasta este momento, todo lo que ha sucedido, ha sucedido por ti y no a ti. Deja de querer ser la víctima. ¬ Te aseguro que hay alguien cuya situación es peor que la tuya y, sin embargo, convertirán la tragedia en triunfo. ¿Tú también? Es una decisión sencilla.

5. **No establezcas expectativas poco realistas para los demás.**

Recuerda: las únicas personas de las que puedes tener expectativas son aquellas a quienes les pagas y tú mismo. – Libera a tu familia y amigos de tus expectativas, así la vida será mucho más placentera para todos.

6. **Define el éxito en tus términos.** Siéntate a pensar cómo quieres que sea tu vida. La mayoría de las personas no consiguen lo que quieren porque no saben qué quieren. ¿Cómo se ve el éxito para ti? Recuerda: tiene que ser el éxito según tú, no según otra persona.

7. **Recluta socios de responsabilidad.** Comparte aquello que quieres y cómo planeas conseguirlo con todos los miembros de tu círculo. Diles a todos cuáles son tus objetivos y luego hazlos tus socios de responsabilidad. No olvides darles permiso para que te responsabilicen.

8. **Apóyate en el fracaso.** Más vale que empieces a acostumbrarte al fracaso desde ya, lo vas a encontrar en el camino, a todos nos pasa, sin excepción. Por tanto, confía en el proceso.

9. **Define tus valores fundamentales.** Crea tu sistema de valores fundamentales y toma todas tus decisiones en torno a ellos. Puedes usar los míos si han hecho eco en ti. Recuerda divertirte, haz cada cosa con excelencia, evoluciona constantemente en tu manera de pensar y ajusta tu forma de ver las cosas.

10. **Define tu por qué.** El último paso para crear tu Psiquis del Éxito es definir tu por qué. Tu por qué te ayudará a hacer los esfuerzos que no querrás hacer a lo largo del camino. Recuerda: tu por qué puede cambiar a medida que recorres el camino. ¡Así que revísalo cada trimestre

y asegúrate de que aún te brinde la motivación que
necesitas para superar el fracaso y tomar la decisión de
ser excelente a diario!

Puedes hacerlo. Sé que puedes. He superado más fracasos en mi
vida de los que puedo recordar y de cada uno tomé sus lecciones
inherentes. Soy más fuerte de lo que jamás creí, y ¿adivina qué?
¡Tú también! Quizás no lo creas todavía. *Lo entiendo*. El proceso
que conduce al amor propio, a la seguridad y aceptación de sí
mismo puede ser largo y doloroso, más sólo es cuestión de mantenerse firme, un día a la vez.

JAY ADKINS es mentor, orador, autor y el orgulloso propietario y fundador del Grupo *ProVest Insurance*. Jay tiene seis agencias de seguros en tres regiones de los Estados Unidos: Florida, Carolina del Norte y Texas.

Como cofundador y presidente de *Agency Sales Academy*, una de las plataformas de capacitación en ventas más grandes del país, Jay ha llevado una carrera brillante y en continua evolución. También ha ganado muchos premios, incluidos Inner Circle, Chairman's, Financial Leader, Leaders-Forum y President's Conference Awards.

Jay presta servicios de consultoría variados para diversos clientes en diferentes industrias, incluyendo fusiones y adquisiciones de agencias de seguros. Jay también presta servicios de consultoría a los propietarios de agencias individuales en relación a cómo lograr que la agencia opere de manera efectiva: mentalidad, optimización comercial, marketing efectivo, crecimiento acelerado, formación de equipos e inspiración. También ha capacitado a miles en lo referente al mercadeo en red durante años. En este espacio, se ha enfocado en ayudar a otros a desarrollar una manera de pensar adecuada, construir negocios exitosos y ser líderes efectivos.

Jay es un apasionado de la formación, la mentoría y el servicio a las personas. Su objetivo en la vida es tener un impacto significativo en la vida de todas las personas que conozca, desde sus empleados hasta los extraños. La excelencia está en cada parte de su vida y siente la responsabilidad de ayudar a otros a darse cuenta de la excelencia que quieren en la suya.

Cuando Jay no está ocupado dirigiendo su negocio o ayudando a otros a mejorar el suyo, se le puede encontrar navegando por las brillantes aguas de Miami con su esposa Ximena y sus tres hijas.

¿LISTO PARA MÁS? OBTEN EL PLANIFICADOR!

¡El GPS de la Psiquis del Éxito ya está disponible! Es un planificador diario para todo el año que guiará tu manera de pensar e iluminará tu camino hacia el éxito. Encontrarás herramientas invaluables que te ayudarán a planificar y ejecutar sus objetivos con precisión ¡y así conseguir resultados MASIVOS! Disponible en librerías y online.

¡Conéctate conmigo!

¡Vamos a conectarnos! Comunícate a través de las redes sociales o de mi sitio web y cuéntame cómo este libro y este planificador han transformado tu vida.

Instagram: @jayadkins3 @thesuccessparadigm

Facebook: @jayadkins3 @thesuccessparadigm @jay.adkins.35

Podcast: //linktr.ee/thesuccessparadigm

THESUCCESSPSYCHE.COM

Edición electrónica gratuita disponible con la compra de este libro

Instrucciones para reclamar tu edición gratuita de en formato electrónico:

1. Visita MorganJamesBOGO.com
2. Escribe CLARAMENTE tu nombre en el espacio
3. Diligencia el formulario y envía una foto completa de la página de derechos de autor
4. Tú o un amigo podrán descargar el libro electrónico en su dispositivo **preferido**

Morgan James
BOGO™

Habrá una edición electrónica **GRATUITA** para usted o un amigo con la compra del libro impreso

FIRME CLARAMENTE CON SU NOMBRE ARRIBA

Instrucciones para reclamar tu edición gratuita de en formato electrónico::
1. Visita MorganJamesBOGO.com
2. Escribe tu nombre CLARAMENTE en el espacio de arriba.
3. Diligencia el formulario y envía una foto de esta página completa.
4. Tú o un amigo pueden descargar el libro electrónico en su dispositivo preferido.

Print & Digital Together Forever.

Snap a photo

Free ebook

Read anywhere

Printed in the USA
CPSIA information can be obtained
at www.ICGtesting.com
JSHW022210140824
68134JS00018B/973